RÉPUBLIQUE FRANÇAISE

GOUVERNEMENT GÉNÉRAL DE L'ALGÉRIE

Cours d'Instruction préparatoire au Service des Affaires indigènes d'Algérie-Tunisie

L'AFRIQUE ROMAINE

NOTES PRISES AUX CONFÉRENCES

FAITES PAR

M. ALBERTINI

Professeur à la Faculté des Lettres de l'Université d'Alger

Février-Mars 1922.

Huilerie à Madaure (M'daourouch).

ALGER — IMPRIMERIE ORIENTALE, FONTANA FRÈRES, 3, RUE PELISSIER

RÉPUBLIQUE FRANÇAISE

GOUVERNEMENT GÉNÉRAL DE L'ALGÉRIE

Cours d'Instruction préparatoire au Service des Affaires indigènes d'Algérie-Tunisie

L'AFRIQUE ROMAINE

NOTES PRISES AUX CONFÉRENCES

FAITES PAR

M. ALBERTINI

Professeur à la Faculté des Lettres de l'Université d'Alger

Février-Mars 1922.

ALGER

IMPRIMERIE ORIENTALE FONTANA FRÈRES, 3, RUE PELISSIER

1922

L'AFRIQUE ROMAINE

I. — Les limites de la domination romaine dans le temps et dans l'espace.

3 Février.

Je me propose de présenter, en six conférences, non pas à proprement parler une histoire de l'Afrique romaine, mais plutôt un tableau de cette Afrique. C'est ce que nous pouvons faire avec une exactitude suffisante, en utilisant les données géographiques, dans la mesure où elles sont valables d'une façon permanente, — les textes des historiens et des géographes grecs et latins, — les inscriptions latines, dont l'Afrique du Nord a donné un grand nombre, — les monnaies, — les documents archéologiques, ruines de villes ou de constructions isolées, statues, mosaïques, menus objets. La mise en œuvre de ces matériaux divers a été tentée dans un certain nombre de travaux, et je crois utile, en commençant, de citer les plus importants d'entre eux, ceux auxquels on est amené à se reporter fréquemment lorsqu'on étudie l'Afrique romaine.

Il existera, dans quelques années, une *Histoire ancienne de l'Afrique du Nord* qui sera excellente et qui rendra la bibliographie superflue ; car ou bien elle annulera les ouvrages précédents, ou bien elle y renverra elle-même, lorsqu'ils auront conservé un intérêt propre. C'est l'*Histoire* à la composition de laquelle travaille M. Gsell. Il en a publié, jusqu'à présent, quatre volumes, chez Hachette : T. Ier, en 1913 ; T. II et III, en 1918 ; T. IV, en 1920. On peut prévoir que l'ouvrage sera complet en huit ou neuf volumes. Mais la partie publiée à l'heure actuelle s'arrête à la fin des guerres puniques, à la prise et à la destruction de Carthage par l'armée romaine en 146 avant J.-C., à une date, par conséquent, où Rome ne possède pas encore un pied carré de terrain en Afrique, puisque c'est précisément à la suite de cette destruction que Rome a eu, pour la première fois, une province d'Afrique. Les quatre volumes de M. Gsell, dès maintenant, contiennent beaucoup de choses précieuses sur l'Afrique romaine : je citerai particulièrement la première partie du tome Ier, sur les conditions géographiques du développement historique et les productions naturelles du pays ; le tome IV, sur la civilisation carthaginoise, dont l'empreinte devait rester marquée en plus d'un domaine même après la disparition de Carthage. Mais enfin, nous ne nous en arrêtons pas moins, avec M. Gsell, au seuil de la période romaine.

Provisoirement, nous sommes réduits aux histoires de l'Afrique du Nord déjà existantes, et dans aucune de ces histoires, à ma connaissance, la partie consacrée à la période antique n'est vraiment satisfaisante. Ce n'est qu'un cadre très sommaire, avec des indications souvent inexactes et qu'il ne faut jamais accepter de confiance, sans vérification. Sous cette réserve, la plus utilisable de ces histoires me paraît être celle d'Ernest Mercier, *Histoire de l'Afrique Septentrionale (Berbérie) depuis les temps les plus reculés jusqu'à la conquête française (1830)*, trois volumes, Paris, Leroux. Le premier volume, qui mène l'histoire de l'Afrique jusqu'en 1045 de notre ère, est de 1888.

Quant aux ouvrages consacrés à l'histoire romaine en général, ils font nécessairement une place à l'Afrique, mais cette place est naturellement très limitée. Je signale, comme résumé à utiliser provisoirement, en attendant l'achèvement de l'ouvrage de M. Gsell, le chapitre consacré à l'Afrique dans *l'Histoire romaine* de Mommsen. Ce chapitre, qui se trouve dans le vol. V de l'édition allemande, est au tome XI dans la traduction de l'*Histoire romaine* de Mommsen par Cagnat et Toutain (Paris, Bouillon, 1889).

Dans une certaine mesure, le manque d'une histoire suivie et détaillée de l'Afrique romaine est compensé par l'existence de quelques livres qui décrivent l'administration et la civilisation de l'Afrique romaine. Ce sont des œuvres de vulgarisation, qui s'adressent au public cultivé, mais non spécialisé : elles conservent, par conséquent, le caractère d'un sommaire, d'une vue générale ; mais elles sont utiles comme première initiation. C'est à ce titre que j'indique, dans l'ordre chronologique :

Gustave Boissière, *Esquisse d'une histoire de la conquête et de l'administration romaines dans le Nord de l'Afrique et particulièrement dans la province de Numidie*, Paris, Hachette, 1878.

Gaston Boissier, *l'Afrique romaine*, Paris, Hachette, 1895.

Schulten, *Das römische Africa*, Leipzig, 1899. Une traduction française, malheureusement mal faite, a paru dans la *Revue Tunisienne*, 1904.

Gsell, *l'Algérie dans l'Antiquité*, 2e édition, Alger, 1903.

En outre, les questions relatives à l'occupation militaire de l'Afrique ont été étudiées de façon très minutieuse par Cagnat, *L'Armée romaine d'Afrique et l'occupation militaire sous les empereurs,* 2e édition, Paris, Leroux, 1912. Cet ouvrage est un recueil extrêmement riche de renseignements, tirés surtout des inscriptions et des restes archéologiques, non seulement sur l'organisation militaire, mais, indirectement, sur l'histoire politique, économique et morale du pays.

L'étude des documents archéologiques est facilitée d'abord par un ouvrage de M. Gsell, *Les Monuments antiques de l'Algérie,* 2 vol., Paris, Fontemoing, 1901, où sont étudiés, catégorie par catégorie, les monuments romains d'Algérie ; il va sans dire que la majeure partie des observations et des conclusions présentées par M. Gsell à propos des monuments d'Algérie valent aussi pour la Tunisie ; ensuite, cette étude est facilitée par l'existence de deux *Atlas archéologiques :* l'un, pour la Tunisie, au 50.000e, a été établi par Babelon, Cagnat et Reinach, Paris, Leroux, 1892-1913 (une seconde série, en cours de publication, par Cagnat et Merlin, comprendra les régions pour lesquelles il n'existe que des cartes au 100.000e) ; l'autre, pour l'Algérie, au 200.000e, est l'œuvre de M. Gsell, Alger (Jourdan) et Paris (Fontemoing), 1902-1911. Ces atlas sont des éditions spéciales des cartes dressées par le Service topographique ; les ruines antiques, sur chaque feuille, sont mentionnées en rouge, par un numéro d'ordre ; une notice, jointe à la feuille, donne sous ce numéro les renseignements qui concernent les vestiges en question.

Pour la dernière partie de la période antique, décadence romaine, invasion vandale, reconquête byzantine, — phase particulièrement obscure et compliquée, — un livre ancien est encore utilisable : c'est Dureau de la Malle, *L'Algérie (histoire des guerres des Romains, des Byzantins et des Vandales),* Paris, F. Didot, 1852. Pour la période byzantine spécialement, il faut se servir de Diehl, *L'Afrique byzantine, histoire de la domination byzantine en Afrique (533-709),* Paris, Leroux, 1896.

Enfin, il ne faut pas perdre de vue que l'histoire ancienne de l'Afrique du Nord est constamment complétée ou corrigée par des découvertes nouvelles ; en particulier, les inscriptions exhumées en Tunisie, en Algérie ou au Maroc viennent fréquemment éclairer des points obscurs ou poser des problèmes nouveaux. La publication périodique où l'on peut le mieux suivre ce progrès des recherches historiques en Afrique du Nord est le *Bulletin archéologique du Comité des Travaux historiques et scientifiques,* édité à Paris, chez Leroux. C'est à la section de ce Comité appelée *Commission de l'Afrique du Nord* que sont adressées en règle générale les communications sur les découvertes récentes ; le *Bulletin*, qui publie les procès-verbaux des séances de la Commission, et qui imprime ou résume les mémoires qui lui parviennent, équivaut à un compte-rendu périodique des recherches poursuivies et des résultats qu'elles obtiennent.

***

Après ces indications préliminaires, nous avons d'abord à fixer les limites de l'Afrique romaine dans le temps et dans l'espace, à indiquer les dates qui marquent les étapes principales et de la conquête et de la perte du pays, et à déterminer la ligne jusqu'où s'avança, sur le terrain, la domination romaine.

Jusqu'au milieu du second siècle avant l'ère chrétienne, la République romaine n'a eu aucune possession en Afrique : ses rapports avec l'Afrique n'ont pas eu d'autre forme que la guerre contre Carthage, et lorsque les événements militaires ont amené les Romains à faire débarquer en Afrique un corps expéditionnaire, comme il est arrivé dans la première guerre punique avec Régulus, dans la seconde avec Scipion l'Africain, c'était sans intention de s'installer dans le pays : tous les Romains se rembarquaient aussitôt que les opérations n'exigeaient plus leur présence en Afrique.

Il n'en a pas été de même après la troisième guerre punique, en 146. Cette fois-là, Rome, ayant détruit Carthage parce que cette destruction lui paraissait le seul moyen de se débarrasser d'une rivalité dangereuse, a senti le besoin de rester en Afrique pour empêcher la rivale qu'elle venait d'abattre de se relever avec d'autres habitants et un autre nom. Elle a donc annexé un territoire correspondant à peu près au tiers Nord-Est de la Tunisie, et qui a été la province d'*Africa*, l'Afrique au sens propre du mot. Mais, dans la pensée des Romains de ce temps-là, la prise de possession de ce terrain limité n'est pas l'amorce d'un empire plus vaste : l'occupation de ce terrain est nécessaire et suffisante pour la sauvegarde de l'Italie ; les Romains installés en Afrique ne se proposent pas d'y essaimer ; ils veulent seulement occuper eux-mêmes, de peur qu'un autre ne s'y installe, un emplacement que la géographie désigne pour être le siège d'une forte puissance ; ils ne se proposent rien de plus que cette action toute négative, cet effort d'inhibition.

Pendant le dernier siècle de la République romaine, le Sénat restera fidèle à cette politique. Il ne songe pas à la conquête de l'Afrique, il est hostile aux annexions : s'il engage des campagnes en Afrique, c'est à son corps défendant. Le rapprochement s'est imposé, à tous ceux qui ont étudié cette période, entre cette attitude du Sénat romain et l'opinion très répandue en France, après 1830, d'après laquelle il fallait se contenter d'empêcher la piraterie des barbaresques, sans songer à coloniser l'Algérie.

Cependant la domination romaine va s'étendre, d'abord parce qu'il existe à Rome un parti de plus en plus fort de novateurs, qui veulent agrandir la cité romaine et romaniser les régions d'outre-mer : c'est le parti qui finit par triompher et prendre le gouvernement avec César et Auguste ; ensuite, parce que la force des choses rend précaire toute domination qui s'accroche à un coin de côte, et détermine une réaction spontanée par laquelle cette domination, si elle ne veut pas disparaître complètement, tend à se répandre, à se couvrir dans un rayon de plus en plus large.

En 106, après la guerre contre Jugurtha, l'accroissement du territoire romain fut extrêmement limité : les Romains se contentèrent d'installer leur autorité dans les ports de la Tripolitaine. C'est en 46, au cours des guerres civiles, après la campagne heureuse de César en Afrique contre les Pompéiens, que se fit le pas décisif : César ajouta aux possessions romaines tout le pays entre Thabraca et l'embouchure de l'Ampsaga (Oued-el-Kebir) : une partie fut immédiatement transformée en province, sous le nom d'*Africa nova* ; c'est celle que, dans le langage courant, on appela *Numidia,* parce qu'elle correspondait à la partie la plus prospère de l'ancien royaume numide. Une autre fut confiée provisoirement comme une sorte de principauté dépendante, de marche militaire, à un condottiere italien, nommé Sittius, qui avait combattu pour César, et à ses vétérans : Sittius mort, la région qu'il avait possédée ainsi rentra dans la province romaine.

A l'Ouest de l'Ampsaga, le pays formait un royaume indépendant, le royaume de Maurétanie ; mais cette indépendance nominale était en réalité un protectorat. Ce qui le prouve bien, c'est que pendant huit ans, de 33 à 25, après la mort du roi Bocchus, la Maurétanie fut administrée par des préfets romains ; en 25, lorsqu'Auguste rendit ce royaume à un prince d'origine indigène, ce prince était Juba II, c'est-à-dire un prince élevé à Rome, citoyen romain, tout pénétré de culture latine, dont les droits royaux étaient limités (par exemple, il ne frappait pas de monnaie d'or) et qui ne pouvait avoir une politique différente de celle de l'empereur. D'ailleurs, plusieurs colonies romaines étaient installées dans le royaume de Juba. Cette fiction d'un royaume indépendant dura jusqu'en 40 après J.-C. : cette année-là, l'empereur Caligula fit mourir le roi Ptolémée, fils de Juba, et la Maurétanie devint province romaine : elle reçut son organisation comme telle de l'empereur Claude, en 42. Désormais toute l'Afrique du Nord était pays romain :

elle le resta jusqu'à la fin du monde antique, c'est-à-dire jusqu'au ve siècle. C'est en 430 que les Vandales prennent pied en Afrique : en quelques années, ils y détruisent la puissance romaine, et des rois vandales règnent pendant une centaine d'années, n'ayant d'ailleurs sur les indigènes qu'une autorité peu respectée. En 534, les troupes envoyées par l'empereur Justinien, sous le commandement de Bélisaire, renversent le royaume vandale, et l'Afrique redevient impériale ; mais l'empire est maintenant l'empire byzantin, l'Afrique est pour lui une possession lointaine, il est incapable de la tenir comme la tenaient les empereurs de Rome. Dans la seconde moitié du VIIe siècle, l'invasion arabe clôt définitivement, pour l'Afrique, la période antique : c'est en 647 que se place la première invasion arabe en Tunisie, et en 698 Carthage tombe définitivement aux mains des Arabes.

La période proprement romaine de l'Afrique du Nord a donc duré quatre siècles, de 40 à 430. De ces quatre siècles, les deux premiers forment de beaucoup la période la plus brillante qu'ait jamais connue l'Afrique du Nord : c'est en 238, en effet, que commencent les troubles civils et les révoltes indigènes qui affaibliront peu à peu l'Empire romain et achemineront l'Afrique vers la catastrophe finale ; de 40 à 238, le pays arrive à son plein épanouissement, la population est nombreuse, connaît le confort et le luxe, les centres urbains se multiplient, et des monuments s'y élèvent à l'imitation de ceux de Rome. L'esprit de la colonisation romaine, sous l'Empire, est très différent de celui qui inspirait sous la République la politique du Sénat : ce n'est plus le désir égoïste de protéger Rome contre un danger possible qui explique l'occupation de l'Afrique et détermine les limites de cette occupation ; les Romains de l'époque impériale travaillent, consciemment ou non, à mettre en valeur le monde entier, à l'organiser, à en appeler toutes les parties à la vie civilisée et au bien-être. Bien qu'ils ne perdent jamais de vue l'intérêt de Rome, qui domine tous les autres, ils sentent qu'il n'y a pas contradiction entre cet intérêt et celui des provinciaux ; Rome sera d'autant plus forte qu'elle assurera aux peuples soumis une existence plus aisée. Grâce à la domination romaine, pour la première fois, il existe, entre les différentes contrées du monde alors connu, une solidarité.

C'est donc l'Afrique de 40 à 238, celle des Césars, des Antonins et des Sévères que nous avons à regarder de préférence. C'est elle que j'aurai le plus souvent en vue. Pour la période qu'on appelle le Bas-Empire, et qui comprend la fin du troisième siècle et le quatrième, je me contenterai d'indiquer, au cours de la dernière conférence, les modifications principales qui furent apportées alors au régime appliqué jusque là.

***

Nous avons à déterminer maintenant les limites géographiques de l'Afrique romaine, là où elle n'a pas la mer comme limite naturelle, c'est-à-dire à l'Est et au Sud. A l'Est, l'Afrique romaine s'arrêtait au désert de sable qui sépare la Tripolitaine de la Cyrénaïque et qui forme le littoral de la Grande Syrte ; la Cyrénaïque, à l'Est de ce désert, appartenait, comme l'Egypte, à l'Orient. Au Sud, la frontière, naturellement, n'est pas restée immuable : elle s'est portée plus avant vers l'intérieur à mesure que la romanisation du pays progressait. Il y a lieu d'indiquer ce qu'elle était au début de la période considérée, sous les premiers empereurs, et à la fin de la même période, après les Antonins et les Sévères. Nous sommes arrivés, sur ce point, à une précision assez grande, et nous pouvons espérer que dans quelque temps, après une période suffisante de recherches et de découvertes, nous serons en état de reconstituer très minutieusement le tracé des frontières romaines successives, grâce aux documents archéologiques. Ces documents sont relativement abondants parce que les Romains aimaient à tracer, de façon matérielle, la frontière, le *limes*. Dans l'existence d'une frontière matérielle, ils voyaient à la fois un symbole, une sécurité militaire, et une commodité pour la perception des douanes. Lorsque c'était possible, ils utilisaient, à cet effet, un cours d'eau : l'Ems, le Rhin, le Danube formaient ainsi des parties de la frontière entre Rome et la Germanie ; dans les intervalles, cette frontière était constituée par un *limes* proprement dit, un rempart muni de place en place de fortins. Ils ont procédé de même en Afrique. Leur première province, celle qu'ils annexèrent en 146, était séparée du pays numide par un fossé continu, qu'avait creusé Scipion, et qui fut, plus tard, sous les empereurs, alors qu'il n'avait plus qu'une valeur de document historique, remplacé par une levée de terre. L'Oued-el-Kebir et une suite de vallées secondaires, la Moulouya, servaient de frontières intérieures entre les provinces, après avoir marqué les bornes des royaumes indigènes. Vers le Sud, aucun cours d'eau ne pouvait être utilisé ainsi : les Romains eurent, de ce côté-là, un *limes* artificiel, sans s'astreindre d'ailleurs à créer un obstacle continu, fossé ou mur : à tous les passages et à tous les points stratégiques, ils eurent un fort, et des tronçons plus ou moins étendus de mur ou de fossé, là où le terrain le demandait. Ce sont les témoins de ces travaux qui nous permettent de dire jusqu'où allait la domination romaine.

Sous les premiers empereurs, sur la côte Sud de la Petite Syrte, c'est-à-dire dans ce qui correspond à la Tripolitaine moderne, les Romains n'occupent que les quelques ports où se concentre la vie de la contrée. Le pays non romain commence très près de ces ports, au delà d'une étroite banlieue.

Jusqu'à Gabès, le territoire romain ne s'écarte guère de la mer. A l'Ouest de Gabès, le cadastre romain et la colonisation se sont arrêtés au bord septentrional du Chott-el-Fedjedj. Ensuite la frontière allait du Sud au Nord, jalonnée par Gafsa, Feriana, Tébessa. A partir de Tébessa, elle suivait une direction générale Sud-Est/Nord-Ouest, se maintenant au Nord de l'Aurès, du Djebel-Touggourt, des monts du Hodna : Khenchela, Timgad, Lambèse, Diana, Zarai, Aumale, Sour-Djouab, Berrouaghia, marquent les points importants de cette frontière, soit qu'ils aient été occupés et fortifiés dès les premiers empereurs, soit qu'ils aient été organisés seulement par les Antonins.

On atteint ainsi la vallée du Chélif, vers l'endroit où le fleuve, après avoir traversé péniblement l'Atlas Tellien, entre en plaine et prend la direction générale Est-Ouest. Miliana, Duperré, Orléansville, dans cette vallée, sont des emplacements de colonies ou de garnisons romaines qui défendaient la frontière. Plus à l'Ouest, elle passait approximativement à Relizane, Perrégaux, Saint-Denis-du-Sig, se rapprochant progressivement de la mer, coupant tout près de l'embouchure le cours de la Moulouya ; le territoire soumis se terminait en pointe, au-delà de ce fleuve, au comptoir phénicien de Rusaddir, déchu à l'époque impériale, et qui est aujourd'hui Melilla. Le pays romain ne reparaissait ensuite qu'au détroit de Gibraltar et sur la côte atlantique du Maroc : à partir de Tanger, et jusqu'à Sala (Salé), une série de villes s'échelonnaient sur la côte, et deux ou trois avaient été fondées assez avant dans l'intérieur, dans la vallée des principaux cours d'eau.

La physionomie d'ensemble de l'Afrique romaine, au début de l'empire, est ainsi très nette : une masse importante de terrain, correspondant sensiblement à la Tunisie, prolongée à l'Est par le cordon mince des ports tripolitains, à l'Ouest par une sorte de grand coin qui va en s'amincissant progressivement, et dont l'extrémité est à Melilla ; puis, sans communications terrestres avec ce qui précède, un groupe de comptoirs et de colonies sur le versant atlantique du Maroc.

Cette disposition générale est restée la même pendant toute la période romaine. L'Afrique romaine a toujours eu la forme d'un coin allongé de l'Est à l'Ouest, beaucoup plus large à l'Est, en Tunisie, qu'à l'Ouest ; la frange de terre romaine qui occupait la bordure du continent africain est toujours allée en s'amincissant, des Syrtes vers l'Atlantique. Mais les empereurs, à mesure que le pays devenait plus peuplé, plus cultivé, sentirent le besoin d'élargir vers le Sud la zone soumise à leur autorité, de s'imposer comme maîtres aux nomades du Sud, ou tout au moins de les surveiller de près et de les contenir. C'est à la fin du IIe siècle et au début du IIIe que s'est dessiné le plus nettement ce mouvement d'expansion vers le Sud, commencé vers le début du IIe siècle, et, en 238, le *limes* romain est sensiblement plus méridional que celui qui vient d'être décrit.

A cette date, en Tripolitaine, les postes romains se trouvent installés un peu au Sud de la falaise qui, à distance variable de la mer, sépare très nettement la plaine littorale, habitable, appelée Djeffara, de la région désertique : ces fortins dessinent une ligne assez serrée. En outre, des postes avancés sont créés, sous forme de garnisons permanentes installées dans des oasis : à Bondjem, à Gharia-el-Gharbia, à Ghadamès.

Plus à l'Ouest, le territoire romain comprend maintenant le bord Sud du chott El-Fedjedj, et les oasis (Nefta, Tozeur), situées sur la langue de terre entre le chott El-Djerid et le chott El-Gharsa. Puis la frontière suit comme autrefois la direction Sud-Est/Nord-Ouest, mais elle englobe maintenant l'Aurès, et les garnisons romaines sont installées dans les oasis, à la limite du Sahara : à Négrine, Badis, Mlili, Doussen. Elle se dirige de là vers Bou-Saâda et Boghar : toute la plaine du Hodna est occupée par des établissements romains. A partir de Boghar, la frontière romaine est suivie par une route stratégique qui passe par Téniet-el-Haâd, Tiaret, Frenda, Tagremaret, le Nord de Saïda, Chanzy, Lamoricière, Tlemcen, Lalla-Maghnia ; elle suit donc, dans l'ensemble, la lisière Nord des Hauts-Plateaux.

Comme en Tripolitaine, des garnisons permanentes occupèrent des postes de surveillance en avant de ce *limes* ; il y en avait une à Messad, dans les monts des Ouled-Naïl, à une soixantaine de kilomètres au Nord-Est de Laghouat, une à Tadmit, une à Djelfa.

Au Maroc, enfin, et bien que l'état actuel de nos connaissances ne nous permette pas une grande précision, l'occupation romaine, du Ier au IIIe siècle, devint plus dense et plus cohérente, et sur la côte et dans l'intérieur. Tanger, Sala et Fès sont les trois sommets d'un triangle sur les côtés duquel étaient disposées des garnisons. Un poste avancé, vers le Sud, semble avoir été établi à Azemmour, et il est possible qu'une route ait relié, à cette époque, Fès à la région de Tlemcen par Taza et Oudjda, établissant ainsi, entre toutes les parties de l'Afrique du Nord, la communication terrestre qui ne put jamais, à cause de l'impénétrabilité du Riff, être assurée en longeant la Méditerranée.

Il y a donc eu, au cours des deux siècles qui nous occupent, progrès très sensible de l'autorité romaine, et ce progrès n'a pas manqué de méthode. Mais deux choses sont à noter : d'abord, la persistance, à l'intérieur du pays romain, d'îlots réfractaires à la romanisation, massifs montagneux où les Berbères restent pratiquement indépendants, ou peu s'en faut ; ensuite, une timidité excessive dans l'application de la méthode dont les Romains avaient reconnu l'opportunité. Si, en Tripolitaine et surtout en Tunisie, ils ont occupé tout ce qui valait la peine d'être mis en culture et se sont assuré, vers le Sud, une protection suffisante, plus à l'Ouest, en Algérie, ils n'ont pas pénétré assez profondément. Ils se sont presque complète-

Arc dit de Trajan (Timgad).

ment abstenus de toucher aux Hauts-Plateaux du Sud-Algérois et du Sud-Oranais. A plus forte raison n'ont-ils pas songé à la conquête du Sahara. Ç'a été la principale faiblesse de leur empire africain, et c'est la raison pour laquelle il a été incapable de résister longuement à une attaque sérieuse. Mais, avant que leur pouvoir s'effondrât, les Romains avaient construit une Afrique très intéressante, et c'est celle que j'essaierai de représenter.

II. — Organisation administrative de l'Afrique Romaine.

10 Février.

Après avoir dit par quelles étapes s'était réalisée la conquête romaine, et dans quelles limites territoriales elle s'était tenue, nous avons à indiquer maintenant les grandes lignes de l'administration appliquée par Rome au pays occupé. Nous y reconnaîtrons, comme premier trait dominant, la souplesse, l'élasticité de l'administration romaine : elle n'a nullement le goût des principes immuables, appliqués mécaniquement et indifféremment à toutes les circonstances ; elle ne cherche pas l'uniformité, ne désire pas faire rentrer dans un cadre unique les gens et les choses. En second lieu, nous avons à constater la part très grande que, dans le fonctionnement du système administratif, — je parle naturellement pour les deux premiers siècles de l'Empire, — Rome a laissé aux indigènes. Enfin, nous regarderons en particulier l'organisation militaire de l'Afrique romaine, et nous y constaterons l'application de la même maxime générale : collaboration des Romains et des indigènes dans l'œuvre de surveillance et de mise en valeur du pays.

* * *

L'Afrique du Nord n'a jamais été une unité administrative. A aucun moment il n'y a eu un fonctionnaire suprême, un gouverneur unique qui exerçât son autorité de la Tripolitaine au Maroc ; à aucun moment il n'y a eu une ville qui fût le chef-lieu de tout le pays, le siège d'institutions communes à tous les Africains ou de bureaux compétents pour toute l'Afrique. Carthage, qui était de beaucoup la ville la plus peuplée, la plus commerçante, était une espèce de capitale morale, mais, officiellement, n'était rien de plus que le chef-lieu d'une des provinces entre lesquelles l'Afrique était divisée.

Ces provinces, aux trois premiers siècles de l'Empire, étaient au nombre de quatre : l'Afrique proconsulaire ou Afrique au sens propre du mot, la Numidie, la Maurétanie Césarienne et la Maurétanie Tingitane.

L'Afrique proconsulaire comprenait la Tripolitaine, la Tunisie, et une bande du terrain qui est aujourd'hui algérien : elle allait sur la côte jusqu'à quelque distance à l'Ouest de Bône.

Souk-Ahras, Guelma, et probablement aussi, depuis la fin du premier siècle, Tébessa, lui étaient rattachées. Elle était donc constituée par la partie de l'Afrique du Nord où la domination romaine était la plus étendue et la plus compacte ; c'était une région où l'influence civilisatrice de Carthage s'était exercée depuis longtemps, où la vie agricole et commerciale s'était développée dès avant l'arrivée des Romains ; il n'y subsistait plus, à l'intérieur du pays romain, de noyaux barbares hostiles ; les Musulames, Nomades de la région de Tébessa, qui donnaient encore quelques inquiétudes aux Romains sous les premiers empereurs, furent définitivement pacifiés et fixés vers la fin du premier siècle. C'est en tant que pays tout à fait pacifié que cette province était confiée à un proconsul, nommé en principe pour un an, et résidant à Carthage, d'où le nom qu'elle portait. Tout le régime impérial reposait sur la fiction d'un partage de la souveraineté entre l'empereur et le peuple, représenté par le Sénat ; les deux pouvoirs étaient supposés se faire équilibre ; et, conformément à cette théorie, Auguste avait partagé l'ensemble du monde romain en deux séries de provinces : les provinces sénatoriales, gouvernées par des proconsuls que désignait le Sénat, et dont les revenus allaient au trésor public ; les provinces impériales, gouvernées par des propréteurs ou des procurateurs que l'empereur nommait à son gré, et dont les recettes allaient au *fiscus* ou caisse de l'empereur. Cette séparation de pouvoirs était plus apparente que réelle, car en fait, dès les premiers empereurs, le Sénat fut à peu près entièrement dans la main du prince ; en outre, des empiétements progressifs réduisirent petit à petit la part d'autonomie administrative que le Sénat gardait au début dans ses provinces ; des procurateurs, agents directs de l'empereur, se substituaient peu à peu dans les diverses branches de l'administration financière des provinces sénatoriales aux questeurs, fonctionnaires publics. Néanmoins, une différence intrinsèque subsistait entre les deux catégories de provinces : celles que l'empereur avait confiées au Sénat étaient plus paisibles, plus romanisées que les autres ; elles pouvaient se passer de garnison ; car Auguste, tenant par-dessus tout à réserver à l'empereur seul la disposition de la force militaire, n'avait pas voulu, en règle générale, mettre dans le lot du Sénat les provinces où la présence des troupes était nécessaire. L'Afrique proconsulaire, province civile, était donc la région d'Afrique où la population était la plus dense, la plus prospère, et la plus pénétrée d'influences romaines.

Ensuite, venait la Numidie, qui avait pour limite occidentale l'Oued-el-Kebir, puis une série de vallées, de telle façon que Djemila était en Numidie, Sétif en Maurétanie ; plus au

Sud, la Numidie comprenait l'angle Sud-Est de la plaine du Hodna et la rive Sud du chott El-Hodna. La Numidie était gouvernée par le légat commandant la légion qui était l'élément principal du corps d'occupation de l'Afrique ; ce légat, qui portait le titre de propréteur, était désigné directement par l'empereur, qui le laissait en fonctions le plus souvent pendant plusieurs années.

A vrai dire, cette province de Numidie n'eut d'existence officielle, comme province indépendante et sous ce nom, qu'à partir des dernières années du second siècle. Jusque-là, elle fit théoriquement partie de l'Afrique proconsulaire. Mais comme il était contraire aux règles posées par Auguste qu'une province proconsulaire, donc sénatoriale, contînt une légion, et comme il était anormal de subordonner à un proconsul désigné par le Sénat un propréteur désigné par l'empereur pour un important commandement militaire, dès le règne de Caligula une séparation de fait avait distingué l'Afrique proconsulaire proprement dite du territoire du légat, territoire pour lequel la dénomination de Numidie entra dans l'usage bien avant d'être officiellement reconnue. Dans ce territoire, délimité comme je viens de l'indiquer, l'autorité du légat propréteur fut, dès Caligula, entière, et le légat n'avait de comptes à rendre qu'à l'empereur ; sa subordination au proconsul n'était plus qu'une fiction, bien avant d'être définitivement abrogée à la fin du IIe siècle ; il exerçait, en même temps que le commandement militaire, les pouvoirs administratifs et judiciaires d'un gouverneur.

Sa résidence était au quartier général de la légion, qui, après avoir été à Ammaedara, puis à Tébessa, fut, à partir du commencement du IIe siècle, à Lambèse. De ce point, le légat propréteur administrait et commandait les fractions de ses troupes détachées à la garde de la frontière, soit à l'Ouest, vers Messad, Tadmit et Djelfa, soit vers le Sud-Est, sur le limes tunisien et tripolitain. Une partie du territoire soumis à son administration avait perdu depuis longtemps ce caractère de marche militaire que conservait la région avoisinant l'Aurès : je veux parler de la partie de la Numidie la plus voisine de la mer, dont la ville principale était l'ancienne capitale numide de Cirta ; mais le rattachement de cette contrée à la zone du légat, chef militaire, se justifiait par l'origine d'une bonne partie de la population : c'étaient les vétérans du condottiere Sittius qui avaient, à l'époque de César, peuplé Cirta et les villes voisines. D'autre part, une large autonomie municipale, accordée à Cirta et aux villes qu'elle groupait autour d'elle, supprimait les inconvénients qui auraient pu résulter pour cette région du fait que le légat propréteur résidait au Sud, dans une position excentrique, et du fait que ses occupations militaires se conciliaient imparfaitement avec la conduite d'un pays dont l'activité était surtout pacifique et commerçante.

De l'Oued-el-Kebir à la Moulouya s'étendait la Maurétanie Césarienne, qui prenait son nom de son chef-lieu (Cæsarea, Cherchell). D'étendue moindre que la Proconsulaire et la Numidie, puisqu'elle se réduisait en somme à une bande de terrain allongée entre la mer et la limite Nord des Hauts-Plateaux, — d'occupation plus récente, de ressources moins abondantes ou moins exploitées, elle était gouvernée par un procurateur, agent impérial qui réunissait en sa personne les attributions civiles et militaires, et n'était que de rang équestre, à la différence des proconsuls et propréteurs qui étaient d'ordre sénatorial. L'empereur nommait et changeait les procurateurs avec une liberté entière ; ils étaient, le plus souvent, maintenus en fonctions pendant plusieurs années.

La Maurétanie Tingitane, à l'Ouest de la Moulouya, avait un procurateur, comme la Maurétanie Césarienne ; il résidait à Tingis, Tanger.

Ainsi, l'Afrique du Nord est divisée, par les Romains, en quatre compartiments distincts, et, pour ces quatre provinces, trois systèmes de gouvernement sont appliqués : le gouvernement par proconsul, le gouvernement par propréteur, le gouvernement par procurateurs. On pourrait songer à voir, dans ce compartimentage et dans cette variété d'organisation, l'expression d'un sentiment de méfiance à l'égard soit des administrés, soit des administrateurs : Rome aurait pu vouloir briser l'Afrique en tronçons, pour y rendre impossible la formation d'un esprit et d'une résistance nationale ; elle aurait pu aussi redouter de confier au même homme une force trop grande en mettant sous ses ordres un pays très étendu. Très probablement, ce ne sont pas des craintes de ce genre qui ont amené la solution adoptée. Cette solution s'est réalisée comme d'elle-même, sans calcul ni volonté délibérée, déterminée par la nature des choses. Différentes par leur passé, par leur date d'entrée dans l'Empire romain, par leur degré de civilisation, par leur pénétrabilité à l'influence romaine, les diverses régions d'Afrique ont reçu le traitement qui semblait le mieux s'accommoder à chacune d'elles, sans aucune tendance vers l'unification ou l'uniformité. Le morcellement géographique de la Berbérie, ce morcellement dont la constatation s'impose à tous ceux qui observent le pays, se traduit sur les cartes de l'Afrique romaine, aux trois premiers siècles de l'Empire, par la division provinciale.

* * *

Si l'on regarde, à l'intérieur de chaque province, la condition des collectivités et des individus, on constate la même variété, la même aversion pour les classements rigides. Il y a, pour chaque habitant de l'Afrique pris à part, et pour chaque groupe d'habitants, toute une série de possibilités.

Une ville peut être colonie romaine, c'est-à-dire avoir reçu un groupe d'habitants en possession de tous leurs droits de citoyens romains, et avoir été, à cette occasion, déclarée colonie : elle est considérée, dans ce cas, comme une fraction de Rome détachée au delà de la mer ; ses habitants sont, au regard de la loi, aussi pleinement romains que ceux de Rome même.

Une ville qui n'est pas colonie peut être municipe romain, c'est-à-dire qu'elle a, comme la colonie, des institutions calquées sur celles de Rome, un conseil municipal qui est l'image du sénat, des duumvirs qui sont l'image des consuls, des édiles et des questeurs qui ont les mêmes titres et les mêmes fonctions que les magistrats de Rome ; comme dans une colonie, les habitants sont citoyens romains ; mais les biens fonciers, dans les municipes, sont soumis à des charges dont les colonies sont exemptes.

Une ville qui n'est ni colonie, ni municipe romain peut être municipe latin : elle possède alors les mêmes institutions qu'un municipe romain, mais ses habitants n'ont qu'un droit de cité diminué, inférieur, qu'on appelle le droit latin ; pour obtenir de droit la cité romaine dans un municipe latin, il faut avoir été appelé par l'élection populaire soit à la fonction de décurion ou conseiller municipal, c'est le cas pour les plus favorisés des municipes latins, soit à la fonction de duumvir ou magistrat municipal, c'est la règle pour les moins favorisés.

En dehors de ces catégories, il existe des communes pérégrines, dont la population est presque entièrement indigène, tantôt sédentaire, tantôt nomade ; la vie d'une commune pérégrine peut prendre bien des formes : parfois Rome se contente de reconnaître et de consacrer l'autorité du chef indigène sur sa tribu; parfois elle laisse subsister des institutions de type carthaginois ; parfois elle crée un conseil qui pourra se transformer plus tard en conseil municipal de type latin ou romain. Et dans toute commune, quelle qu'en soit la classe, il existe encore une différence juridique très marquée entre les habitants du centre urbain, lorsqu'il existe, et ceux qui vivent épars, dans des hameaux ou des maisons isolées, sur le terroir de la commune.

Il y a donc toute une hiérarchie de groupements, hiérarchie dont les degrés sont multipliés à l'infini par le jeu des exemptions d'impôts, ou des tarifs spéciaux appliqués, suivant les localités, aux différents droits perçus par les gouverneurs.

Il en est de même pour les individus ; leur condition n'est pas déterminée de façon immuable par celle du groupe communal auquel ils appartiennent, car chacun peut toujours être l'objet d'une faveur individuelle qui l'élève au-dessus de ses concitoyens. Le pérégrin peut recevoir le droit latin, le citoyen de droit latin peut devenir citoyen romain ; le citoyen romain qui s'est distingué dans les fonctions municipales peut recevoir, de l'empereur, le rang de chevalier et être appelé aux emplois de l'Etat ; le chevalier qui s'est distingué dans les emplois de son ordre peut être élevé, en sa personne ou en la personne de son fils, jusqu'à l'ordre sénatorial.

Ici, la variété, l'élasticité dont fait preuve l'administration romaine répond à une politique : en proposant aux Africains, d'étape en étape, une situation juridique et sociale plus haute, plus avantageuse, plus respectée, Rome détermine chez eux un concours d'émulation, un effort pour mériter d'être appelés à la cité romaine, puis aux ordres privilégiés de cette cité. Elle détermine, dans l'ensemble de la population, un mouvement d'ascension vers la vie romaine, un appel par l'effet duquel les différentes couches du personnel romain puisent pour se renouveler dans le fond indigène, de génération en génération.

* * *

C'est qu'en effet Rome, la Rome impériale, n'a pu occuper, coloniser, mettre en valeur l'Afrique qu'avec le concours très actif de la population indigène.

L'époque à laquelle Rome a la volonté de coloniser l'Afrique se trouve être en même temps celle à laquelle Rome et l'Italie se dépeuplent. Dès le début de l'Empire, dès le règne d'Auguste, on voit avec inquiétude, à Rome, les naissances devenir de plus en plus rares, les campagnes se dépeupler, ainsi que les villes d'importance moyenne : seules les très grandes villes comme Rome échappent à ce mouvement. La dépopulation s'accentue malgré les mesures législatives prises par les empereurs ; et l'Afrique ne peut pas être, pour Rome, une colonie de peuplement, parce que Rome et l'Italie n'ont pas de travailleurs à envoyer au delà des mers.

En fait, si nous cherchons à déterminer l'importance numérique du contingent des immigrés romains ou italiens en Afrique, nous avons tout lieu d'admettre qu'il a été faible ; et il ne grossit pas beaucoup même si nous y ajoutons les immigrés non-italiens. Ces immigrés comprennent les hauts fonctionnaires, mais le personnel subalterne des bureaux se recrute sur place ; quelques gros propriétaires fonciers, mais le plus souvent ils résident à Rome et sont représentés en Afrique par des intendants et des fermiers dont beaucoup sont d'origine locale; quelques commerçants, italiens, orientaux ou espagnols, dans les villes de la côte et dans quelques grosses localités de l'intérieur comme Cirta. Ce sont là des apports qui ne changent pas le caractère berbère de la population ; et l'énorme prépondérance numérique de l'élément berbère oblige à lui laisser une large place dans tous les domaines.

Les administrations communales ont des attributions étendues ; non seulement elles ont un budget communal qu'elles règlent sous le contrôle du gouverneur, mais elles ont une compétence judiciaire dans les limites prévues par la loi, la charte de chaque commune. Les Africains de famille riche ou aisée sont appelés, de père en fils, car les suffrages consolident en général les situations acquises, à ces fonctions municipales ; ils y prennent l'habitude de l'administration, et l'empereur, comme nous l'avons dit, fait passer les meilleurs d'entre eux au service de l'Etat. Ils exercent leurs fonctions soit dans d'autres provinces, soit en Afrique même ; mais, même lorsqu'ils sont absents de leur province natale, ils y restent attachés, y conservent des propriétés, des intérêts, font des dons à leurs concitoyens, leur rendent des services, protègent ceux de leurs compatriotes qui sont aptes à remplir à leur tour des emplois publics. Ces familles de bourgeoisie municipale ont été les agents les plus actifs de la romanisation : mais il ne faut pas perdre de vue qu'elles étaient de souche indigène, et que, dans la plupart des cas, elles ne s'étaient unies par mariage qu'à des familles indigènes aussi.

Un des moyens par lesquels Rome s'assura le mieux la collaboration de la population sujette fut l'organisation du culte impérial. Dans chaque ville on rend un culte, non pas à la personne de l'empereur, mais au caractère sacré de sa fonction, en associant à l'empereur vivant les empereurs divinisés après leur mort ; et dans chaque chef-lieu de province se réunissent, pour célébrer le même culte, les délégués des différentes cités. Ces délégués sont les personnages les plus en vue des villes qui les ont envoyés, et celui d'entre eux qu'ils élisent prêtre de la province apparaît comme le représentant de la province tout entière. Ils ont qualité pour s'entretenir de leurs intérêts, de leurs désirs, et pour en entretenir le gouverneur ; si c'est du gouverneur précisément qu'ils ont à se plaindre, ils peuvent s'adresser directement à l'empereur ; leurs vœux, leurs félicitations, leurs blâmes sont recueillis par l'empereur comme une expression de l'opinion des provinciaux ; les administrés sont admis ainsi à orienter eux-mêmes l'administration.

* * *

Cette part faite aux indigènes dans l'œuvre de colonisation de l'Afrique, nous la constatons très clairement dans le domaine militaire.

En Afrique comme ailleurs, l'armée romaine comprenait deux éléments : la légion, où ne servaient que des citoyens romains, soit qu'ils eussent cette qualité par droit de naissance, soit qu'ils l'eussent reçue de l'empereur le jour de leur entrée au service ; les corps auxiliaires, où servaient des non-citoyens, recrutés parmi les populations mal civilisées, non encore groupées en villes, qui vivaient à l'intérieur de l'Empire : l'auxiliaire recevait, en général, le droit de cité romaine à sa libération, lorsque vingt-cinq années passées au service de l'Empire l'avaient romanisé.

L'Afrique avait pour garnison une légion, la 3e Auguste, dont l'effectif moyen était de 5,500 hommes. Elle détachait une cohorte, soit un dixième de son effectif, à Carthage, pour servir d'escorte et de force publique au proconsul. Tout le reste était réparti dans les différentes garnisons de la Numidie, le quartier général et le noyau principal étant, depuis le début du IIe siècle, à Lambèse. A la légion, troupe d'infanterie, s'ajoutaient, en Numidie, des corps auxiliaires, les uns à cheval, les autres à pied, les premiers plus nombreux que les seconds ; leur effectif total était sensiblement équivalent à celui de la légion. Dans les deux Maurétanies, il n'y avait pas de légion, mais seulement des troupes auxiliaires, dont l'effectif total était d'environ 15,000 hommes. La Province Proconsulaire, vide de soldats par définition, ne comprenait, outre la cohorte légionnaire détachée comme escorte auprès du proconsul, qu'une force de police, chargée de maintenir l'ordre dans la grande ville de Carthage : c'était une cohorte urbaine, détachée de Rome à Carthage, et qui comptait un millier d'hommes. On arrive ainsi, pour le corps d'occupation de toute l'Afrique, à un effectif d'environ 27,000 hommes.

Ces soldats étaient, en principe, enrôlés par conscription : tout citoyen romain était, comme à l'époque républicaine, obligé en principe au service militaire, toute peuplade de non-citoyens devait fournir un certain nombre de recrues pour les corps auxiliaires. Mais, en fait, l'obligation restait presque toujours, sous l'Empire, purement théorique, parce que les engagements volontaires suffisaient à alimenter le recrutement. Il est exceptionnel, sous l'Empire, qu'un soldat entre au service autrement que de bon gré.

Or, non seulement l'Italie se dépeuplait, mais sa population était de moins en moins disposée à servir dans les provinces éloignées où les légions tenaient garnison. Les empereurs, de leur côté, ne cherchaient pas à réveiller chez les Romains et les Italiens l'esprit militaire ; ils se sentaient beaucoup plus maîtres de leurs soldats si ces soldats venaient de régions lointaines, récemment appelées à la culture romaine. On constate, sous l'Empire, que les éléments italiens disparaissent progressivement de l'armée, suivant un mouvement assez rapide ; les soldats se recrutent exclusivement dans les provinces ; et, par une suite naturelle de ce mouvement, on en arrive à recruter, dans chaque province, les soldats chargés de la garder. Vers le milieu du IIe siècle, sous l'empereur Hadrien, cette réforme est acquise : c'est l'Afrique qui fournit presque toutes les recrues de la 3e légion, et parmi les soldats qui entrent au service, beaucoup sont nés à Lambèse ou dans les différentes garnisons de Numidie, d'un père qui était légionnaire lui-même.

Il n'en est pas autrement pour les corps auxiliaires : un certain nombre d'entre eux portent des noms qui indiquent qu'ils ont été formés hors d'Afrique : ce sont des Pannoniens, des Asiatiques, des Espagnols, des Thraces, des Bretons, des Parthes, des Corses, des Sardes, des Dalmates, des Gaulois, des Sicambres. Mais si, à l'origine, le corps a bien été recruté dans la nation dont il porte le nom, ce nom n'est plus qu'un souvenir sans valeur réelle lorsque, depuis plusieurs dizaines d'années, le corps tient garnison dans une province différente : au milieu du second siècle, les troupes auxiliaires de l'armée d'Afrique se recrutent presque exclusivement en Afrique, comme la 3e légion.

Ainsi, l'armée a fait entrer en Afrique, au Ier siècle, un certain nombre d'hommes venus des autres provinces de l'Empire. Mais la proportion de cet élément non-africain est allée en s'affaiblissant jusqu'à devenir, vers 150, pratiquement nulle. Ce sont des Africains qui ont assuré l'ordre en Afrique, pour le compte de Rome. Et ce fait apparaît plus nettement encore si l'on note que plusieurs corps auxiliaires, cantonnés en Afrique, portent des noms qui indiquent qu'ils ont été levés dans le pays — Numides, Musulames, Maures, — si l'on songe aussi qu'outre les troupes régulières, les Romains ont employé, en Afrique, des contingents irréguliers fournis par les tribus et correspondant à nos goums.

Cette méthode était possible, parce que le service militaire était un instrument efficace de romanisation. Qu'ils aient reçu le droit de cité en entrant au service ou en le quittant, soldats de la légion ou des corps auxiliaires avaient passé vingt ou vingt-cinq ans sous la discipline romaine, parlant latin, se formant aux mœurs et aux idées des Romains. Libérés, ils restaient attachés à leurs souvenirs ; les vétérans formaient des groupes qui, parfois, étaient envoyés officiellement en colonie dans quelque ville nouvelle, et qui, dans d'autres cas, se massaient spontanément sur les terres que l'empereur leur concédait avec libéralité, au voisinage de la frontière ou sur quelque point stratégique. Garnisons de troupes actives et groupes de vétérans occupaient non seulement le limes, mais encore, à l'intérieur des provinces, les points stratégiques d'où l'on pouvait surveiller et entourer un massif où l'on regardait comme éventuelle une menace d'insurrection : on note de telles lignes de surveillance, par exemple, autour de l'Aurès, dans la Grande et la Petite Kabylie, aux rebords des massifs du Dahra et de l'Ouarsenis. L'occupation militaire, dans l'Afrique romaine, consiste en somme, au IIe siècle, à faire imposer la paix romaine par des Berbères romanisés à des Berbères non romanisés, et, en même temps, à s'efforcer d'attirer les réfractaires, par l'exemple des avantages accordés à leurs congénères mieux adaptés.

***

En résumé, ce qui est le plus remarquable dans l'organisation administrative de l'Afrique romaine, c'est l'économie des moyens : envoi en Afrique d'un nombre minimum de Romains et d'Italiens, force armée qui n'atteint pas 30,000 hommes et dont le pays fournit de bonne heure la plus grande part. Cette économie était possible, grâce à la souplesse, à la plasticité des méthodes employées, qui s'adaptaient partout aux circonstances locales, ne brusquaient point la population indigène, lui permettaient au contraire de s'élever progressivement et de faire entendre sa voix. Cette prudence a permis un brillant développement économique dont nous aurons maintenant à nous occuper.

III. — Vie économique de l'Afrique Romaine.

17 Février.

L'œuvre qui remplit l'histoire de l'Empire romain, la tâche à laquelle se sont employés et les empereurs, et le personnel d'administrateurs qu'ils envoyaient dans les provinces, et les provinciaux eux-mêmes, appelés, en nombre croissant à chaque génération, à collaborer avec les Romains, ç'a été la mise en valeur du monde alors connu. Les limites de ce monde se confondaient presque avec celles de l'Empire ; en tout cas, il ne comprenait, en dehors de l'Empire, aucun grand Etat organisé et civilisé. A peine faut-il faire une exception pour l'Empire perse, qui n'eut, d'ailleurs, une force et une importance véritables qu'à partir du IIIe siècle. Dans l'ensemble des régions soumises à son autorité, Rome a organisé la production et les échanges ; en assurant l'ordre, en disciplinant et en outillant les populations qui, avant elle, étaient barbares, en leur enseignant le confort et le luxe, en créant des routes, en favorisant le trafic maritime, elle a développé une activité économique dont bénéficièrent tous ceux qui vivaient dans les frontières de l'Empire. Rome a aménagé le monde de façon à s'assurer à elle-même les ressources dont elle avait besoin, mais en même temps de façon à améliorer les conditions d'existence de tous ceux qu'elle avait soumis. Nous avons à voir de quelle manière s'est traduite, en Afrique, cette action fécondante de Rome, quel aspect a pris la vie économique de l'Afrique romaine.

* * *

Au préalable, il est nécessaire de revenir un peu en arrière et d'indiquer brièvement quelle était cette vie économique à l'époque préromaine, dans l'Afrique telle que l'avait faite Carthage. Deux formes d'activité s'étaient développées dans l'Afrique carthaginoise : le commerce et l'agriculture. En premier lieu, le commerce, qui faisait l'originalité, la richesse propre de Carthage : commerce qui consistait surtout à être les rouliers des mers, car les Carthaginois, qui n'avaient pas d'art personnel, qui ne produisaient industriellement que des objets médiocres destinés presque uniquement à la consommation locale, furent surtout, selon toute vraisemblance, des commissionnaires, des armateurs qui transportaient soit les matières premières, soit les objets fabriqués d'une région non carthaginoise à une région non carthaginoise. En second lieu, les Carthaginois avaient développé l'agriculture. Une grande ville comme la leur consommait beaucoup de vivres ; et la nature même de leur commerce, leur rôle d'intermédiaires, faisait qu'ils avaient intérêt à réduire au minimum le nombre des cargaisons de vivres nécessaires pour l'alimentation de Carthage : se procurer, autour de Carthage même, les denrées indispensables était, pour eux, un bénéfice évident. Au surplus, ils avaient besoin de se créer un hinterland, de se donner un peu d'air, s'ils ne voulaient pas rester accrochés précairement à la côte, à la merci d'une poussée des Berbères. Ils avaient donc, en soumettant à leur autorité la Tunisie et la Tripolitaine, favorisé l'agriculture ; les familles les plus en vue avaient acquis des propriétés foncières ; il y avait eu des agronomes de talent, dont le plus connu, Magon, resta une autorité pendant toute l'antiquité. Le blé et l'orge, l'olivier, la vigne, cultivés en territoire carthaginois, avaient assuré à Carthage l'essentiel de sa subsistance indépendamment des événements extérieurs ; pour la vigne et l'olivier, les agronomes carthaginois avaient imaginé des procédés de culture nouveaux et dont on pensait grand bien. La culture des légumes et des fruits était aussi pratiquée très habilement, et la banlieue de Carthage donnait des rendements très élevés. A l'exemple des Carthaginois, les rois numides, dans le reste de l'Afrique du Nord, avaient peu à peu développé l'agriculture, amenant les tribus les mieux disposées de la vie nomade du pasteur à la vie sédentaire du laboureur : sans varier les cultures autant que les Carthaginois, ils s'étaient attachés surtout à la production du blé et de l'orge. En outre, l'élevage des chevaux avait été, de tout temps, une des plus prospères industries de l'Afrique du Nord : la cavalerie numide a toujours été célèbre.

***

Voilà dans quel état Rome avait pris l'Afrique. De toute nécessité, la conquête devait modifier sensiblement cette économie. La destruction de Carthage et de ses ports entraînait la destruction du commerce punique ; et même lorsque la vertu des conditions géographiques et la bonne volonté de César et d'Auguste eurent relevé Carthage, il était impossible que le commerce carthaginois reprît la même forme que par le passé ; dans le monde unifié par Rome, dans ce monde dont chaque partie apprenait à exploiter toutes ses ressources naturelles, il n'y avait plus place pour des rouliers des mers ; il n'y avait plus lieu de transporter par exemple les matières premières d'Espagne en Orient, et les produits fabriqués d'Orient en Espagne ; les courants commerciaux ne traversaient plus tout le monde méditerranéen, ils convergeaient vers Rome, centre unique. Les armateurs de Carthage ressuscitée ou des autres ports africains n'avaient plus à assurer de trafic important qu'avec l'Italie ; il faut y ajouter un commerce secondaire, rendu inévitable par le voisinage, avec l'Espagne.

Ce n'était plus, comme à l'époque punique, du transport des denrées non africaines que l'Afrique romaine devait tirer sa prospérité, mais de ses propres productions. Tripolitaine, Proconsulaire, Numidie et Maurétanie formaient un vaste domaine à faire valoir, de concert entre les anciens occupants berbères et les nouveaux maîtres romains.

Nos documents nous permettent d'affirmer qu'il y a eu, dans l'exploitation du pays, deux phases distinctes, dont la première va jusqu'à la fin du premier siècle après J.-C.

Au Ier siècle, l'Afrique nous apparaît comme spécialisée dans la culture du blé. C'est ce qui résulte des renseignements très abondants et très précis, pris à bonne source, que nous donne, sur les productions de l'Afrique, l'*Histoire naturelle* de Pline l'Ancien, ouvrage publié en 77. « Le sol de l'Afrique, dit Pline, a été donné par la nature tout entier à Cérès ; l'huile et le vin lui ont été presque refusés ; toute la gloire du pays est dans les moissons ».

Même en faisant la part de l'exagération littéraire qu'il peut y avoir dans la phrase de Pline, il est évident que ce texte permet d'affirmer que la production fondamentale, à cette époque, de l'économie africaine, la seule qui fournisse matière à un commerce d'exportation, ce sont les céréales, et nommément le blé, comme il ressort d'autres passages de Pline : l'orge n'est plus consommée que par les indigènes pauvres. L'olivier et la vigne sont donc en régression, si l'on compare cette période à la période carthaginoise.

Nous apercevons les raisons de ce fait. En premier lieu, l'huile et le vin d'Afrique n'ont jamais été regardés dans l'antiquité comme étant de très bonne qualité. L'Italie, l'Histrie et la Bétique donnaient de l'huile très supérieure ; les vins italiens, espagnols et grecs étaient préférés de beaucoup aux vins africains. Au contraire, la culture du blé en Afrique, et particulièrement en Tunisie, était exceptionnellement favorisée. Le blé d'Afrique était très lourd, et les rendements obtenus dans les plaines tunisiennes, vallée de l'oued Medjerda, plaines à l'Ouest de Sousse, étaient extraordinaires : on obtenait 150 pour 1 en Byzacène, alors que dans les autres provinces les régions les plus fertiles (Sicile, Bétique, Egypte) ne dépassaient pas 100 pour 1. Il est probable que ces résultats, obtenus presque sans peine, avec des instruments très imparfaits — une charrue primitive traînée par un âne et une vieille femme — s'expliquent par les qualités du sol, phosphaté naturellement et pas encore fatigué. Un mouvement spontané devait porter les cultivateurs vers une culture aussi rémunératrice.

En second lieu, ce mouvement spontané était encouragé très activement par la volonté réfléchie des empereurs et de leurs représentants locaux. Le blé était, sous forme de bouillie ou de pain, le fond de la nourriture en pays romain ; il en fallait une grande quantité à Rome et en Italie, soit comme blé circulant dans le commerce, soit pour les distributions gratuites ou les ventes à très bas prix grâce auxquelles on obtenait du peuple de Rome qu'il ne bougeât point. Et l'Italie, dépeuplée, transformée pour une bonne part en pâturages, en marais ou en friches, ne produisait plus le blé dont elle avait besoin. Le souci le plus pressant pour les empereurs était d'assurer ce ravitaillement. Ils étaient constamment anxieux qu'une tempête n'empêchât les arrivages, qu'un gouverneur factieux ne retînt la récolte dans sa province : une irrégularité dans les distributions pouvait amener une révolution. De là les privilèges accordés aux négociants en blé, de là les efforts pour créer à l'embouchure du Tibre un bon port, de là enfin les mesures méthodiques par lesquelles les empereurs favorisent et au besoin imposent la culture du blé dans les provinces. Domitien, dans les vingt dernières années du Iᵉʳ siècle, interdit la création de nouveaux vignobles dans certaines provinces, et dans d'autres fit arracher les vignobles déjà existants, pour augmenter les surfaces cultivées en blé.

Il est donc naturel qu'en Afrique, où le blé venait si bien, les empereurs en aient favorisé et même prescrit la culture, soit sur leurs propres domaines, très étendus, soit sur les terres des particuliers : les moyens d'action, à cet effet, ne leur manquaient pas. Dès cette époque, Rome ménage les provinciaux, les traite avec bienveillance, en collaborateurs, les élève progressivement jusqu'à elle ; cependant son intérêt propre reste au premier plan de ses préoccupations, et cet intérêt lui commande de spécialiser dans la production du blé les provinces particulièrement aptes à cette culture.

En fait, comme denrées d'exportation, Pline, en dehors du blé, ne signale pas beaucoup de choses : il y a des figues, et quelques autres fruits comme la grenade ; des produits végétaux qui sont, pour le gourmet de Rome, des raretés exotiques, comme le jujube ou les truffes. La banlieue de Carthage a toujours des maraîchers habiles, mais leurs légumes, artichauts en particulier, sont probablement consommés sur place. Pline connaît les dattes d'Afrique ; mais elles ont mauvaise réputation et ne peuvent entrer en concurrence avec celles de l'Orient.

Dans le règne animal, deux commerces sont à signaler : d'une part, celui des mulets : les mulets d'Afrique sont très recherchés ; d'autre part, on fait la chasse aux fauves, particulièrement aux lions et aux panthères, pour fournir des animaux aux jeux de l'amphithéâtre à Rome ; les bêtes destinées à ces jeux s'appellent couramment « les africaines ».

A l'industrie, qui s'exerce dans les régions manufacturières de l'Empire, Italie et Gaule surtout, l'Afrique ne fournit qu'une faible quantité de matières premières, et presque toujours ce sont des matières de luxe, qui ne peuvent créer un mouvement important : un marbre de luxe, extrêmement coûteux, le marbre numidique ; un bois de luxe, le thuya ; des pierres précieuses ; quelques produits pharmaceutiques, quelques terres dont on se sert pour la préparation des couleurs. Les mines sont si peu exploitées que nous n'en trouvons pas mention. Sur place, les seules manufactures qui aient une importance sont celles qui fabriquent les étoffes de pourpre. Tout cela est objet de luxe ou de curiosité, nécessairement limité comme production et comme commerce ; il n'y a d'intérêt mondial que dans la culture du blé.

Telle est la vie économique de l'Afrique au Iᵉʳ siècle, c'est-à-dire à une époque où Rome oriente la vie des provinciaux dans le sens le plus favorable aux intérêts de la capitale. Il en est autrement au siècle suivant, en partie sans doute à cause de l'épuisement probable de certaines terres à blé, en partie aussi parce que l'attitude de Rome à l'égard des provinces a changé : de plus en plus, les provinciaux se sentent de plain pied avec Rome, au moins en ce qui concerne les éléments les plus cultivés d'entre eux ; de plus en plus, l'importance relative de la population de l'Italie décroît. Les souvenirs de l'esprit de domination, à Rome, s'effacent peu à peu : elle laisse aux provinces plus d'initiative, et permet à chacune d'elles de mettre en œuvre toutes ses facultés, de chercher à se faire une existence complète par ses propres moyens. Ajoutons à cela la décadence croissante de l'agriculture italienne : l'huile et le vin commencent à manquer dans la péninsule, comme le blé antérieurement.

En conséquence, le blé, à partir du IIᵉ siècle, n'a plus l'importance exclusive qu'il avait au Iᵉʳ. Dans les terrains qu'on défriche, on plante surtout des oliviers et des vignes ; ainsi les trois cultures fondamentales du monde antique sont, en Afrique, mises en équilibre. L'huile est exportée sur Rome, par grandes quantités ; elle est, au goût des Romains, trop forte pour qu'on l'utilise volontiers comme comestible, mais elle sert pour l'éclairage, et pour la toilette dans les bains. Il y a aussi, sans doute, augmentation de la culture de l'orge, mais le progrès général du bien-être exclut de plus en plus l'orge de l'alimentation humaine ; si on la cultive plus qu'au siècle précédent, c'est parce que l'élevage des chevaux aussi est en progrès. Les arbres fruitiers et particulièrement les figuiers, les légumes et particulièrement les fèves, forment les cultures accessoires. C'est en Tunisie, et surtout dans la vallée de la Medjerda et dans les vallées adjacentes, que ces différentes cultures se concilient le mieux. Celle de l'olivier prend un développement très prospère en Tripolitaine, et aussi sur les plateaux qui longent aujourd'hui, à l'Ouest, la frontière tunisienne, entre Souk-Ahras et Tébessa, ainsi que dans les vallées de Kabylie. Le plateau de Sétif et la Maurétanie Tingitane restent voués à la culture du blé. L'élevage, non seulement du cheval, mais du gros et du petit bétail, se développe en Numidie ; et enfin, selon toute vraisemblance, c'est au IIe siècle que le chameau commence à tenir une place dans l'économie rurale des Africains.

Comme matières premières, l'Afrique fournit maintenant autre chose que des matières de luxe : on exploite des mines de fer, de plomb argentifère et de cuivre. Et enfin les forêts africaines fournissent à Rome du bois de construction, et aussi du bois de chauffage pour les thermes, qui en consommaient sans doute une quantité difficile à imaginer.

Ces dernières données, bien entendu, n'enlèvent pas à l'Afrique son caractère fondamental de pays agricole. C'est à développer la richesse agricole de l'Afrique, beaucoup plus qu'à en explorer le sous-sol ou à y créer des manufactures, que les Romains ont employé leurs efforts. Ainsi, les industries textiles restent insignifiantes : l'alfa est à peine mentionné, parce que les Romains n'ont pas suffisamment pénétré sur les plateaux du Sud Algérois et du Sud Oranais ; la laine n'est utilisée que pour les usages locaux.

Les efforts les plus persévérants et les plus efficaces ont porté sur l'utilisation de l'eau. Il n'est pas vraisemblable que le climat de l'Afrique du Nord ait changé sensiblement depuis l'antiquité, au moins depuis l'antiquité historique ; il n'était pas plus humide que de nos jours. Si, malgré cela, des régions étaient peuplées qui sont aujourd'hui presque désertiques, si des cultures arbustives étaient possibles là où il n'y a plus aujourd'hui de végétation, cela tient d'abord à ce que, depuis l'antiquité, il y a eu déboisement de certaines pentes, d'où les conséquences inévitables du déboisement, ruissellements torrentiels et disparition de la terre arable, ensuite et surtout à ce que, à l'époque romaine, des travaux hydrauliques, qui n'ont pas été entretenus à l'époque musulmane, et qui pour la plupart n'ont pas encore été refaits à l'époque française, assuraient l'utilisation maxima des eaux pluviales et des sources. Bien que quelques travaux de ce genre aient déjà été exécutés, certainement, à l'époque carthaginoise, il n'est pas douteux que ce sont surtout des ingénieurs italiens qui ont dirigé la plupart des travaux dont on retrouve les traces, en Tunisie et en Algérie, sur beaucoup de points. Des barrages, disposés dans les ravins, retenaient les eaux ; des digues les conduisaient vers la plaine, où des systèmes d'épis, de rigoles et de vannes les répartissaient à travers les champs. Un peu partout on rencontre des citernes et des puits, qui alimentaient les fermes, les habitations isolées ; les villes avaient des aqueducs. Une inscription nous a conservé le souvenir d'un ingénieur, spécialisé dans le forage des canaux souterrains, qui appartenait à la légion et que le commandant de la légion mettait, le cas échéant, à la disposition des autorités municipales pour diriger des travaux d'adduction d'eau : il fut appelé ainsi à construire l'aqueduc desservant Bougie. Une autre inscription, dans la région de Batna, est un règlement d'irrigation déterminant de façon très précise, jour par jour et heure par heure, la répartition de l'eau d'irrigation entre les différents propriétaires de la localité, qui ont créé et entretiennent à frais communs le réservoir et la canalisation. L'aménagement hydraulique a été la partie la plus importante de l'œuvre romaine en Afrique.

* * *

Nous avons à nous demander maintenant quelle était la condition sociale de ces agriculteurs qui formaient la classe de beaucoup la plus nombreuse et la plus productive de la population africaine.

Les petits propriétaires ne manquaient pas. Ils étaient assez nombreux sans doute, avant la conquête romaine, et en pays carthaginois et en pays numide : à ces petits propriétaires indigènes Rome avait laissé leurs biens, en les astreignant simplement à l'impôt foncier. En outre, sur le terrain qui était devenu domaine public de Rome, — soit parce qu'il était déjà domanial à l'époque préromaine, soit parce que, propriété privée d'aristocrates carthaginois ou numides, il avait été confisqué par Rome lors de la conquête, — Rome avait créé un certain nombre de petites propriétés assignées à des colons, dans la plupart des cas anciens militaires, comme ceux qui fondèrent Sétif, Djemila, Timgad. Ces colonies militaires ayant été beaucoup plus nombreuses en Numidie et en Maurétanie qu'en

Afrique proconsulaire, le nombre des petites propriétés devait être plus grand en Numidie et en Maurétanie.

Mais si la petite propriété n'était pas absente, la grande propriété couvrait des espaces plus vastes, et tendait à en absorber chaque jour de nouveaux. Les grandes propriétés étaient, en majorité, postérieures à la conquête romaine : car, sans doute, il y avait eu de grandes propriétés chez les Carthaginois et chez les Numides, mais les familles qui les détenaient, et qui appartenaient aux classes dirigeantes, étaient celles sur lesquelles avait porté, lors de la conquête, le poids de la guerre, des châtiments et des confiscations. Au lendemain de la conquête romaine, on peut dire en gros que la terre d'Afrique s'était trouvée partagée entre les petits propriétaires indigènes, laissés en possession de leurs biens, et le domaine public du peuple romain. C'est sur ce domaine public que s'était constituée une grande propriété romaine ; car si une part du domaine public avait servi à distribuer des lots de terre aux colons, une autre part avait été occupée par les membres de l'aristocratie sénatoriale, qui, moyennant une redevance faible ou nulle, s'y étaient taillé, avec la tolérance de l'Etat, de très larges possessions. Ce qui n'avait pas été occupé ainsi par de riches particuliers et qui était resté proprement bien domanial devint, sous l'Empire, domaine de l'empereur. Il y avait donc, sous l'Empire, à côté des petits propriétaires mentionnés tout à l'heure, de gros propriétaires possédant de vastes domaines, en Tunisie particulièrement, et un propriétaire plus gros que tous les autres, l'empereur. Bon an mal an, un certain nombre de petites propriétés étaient absorbées par les grandes, parce que la loi de la concentration des capitaux a joué à toutes les époques ; et de temps en temps aussi l'une ou l'autre des grandes propriétés privées passait dans le domaine impérial, par extinction de la famille possédante ou par héritage ou par confiscation après condamnation.

Sur ces grandes propriétés, appelées *saltus*, le propriétaire, dans la plupart des cas, ne résidait pas ; il était, comme l'empereur, à Rome ou en Italie. Il chargeait de l'exploitation de sa terre une compagnie fermière, qui la sous-louait elle-même à des colons. Colon, ici, n'a plus le même sens que lorsqu'on parle d'une fondation de colonie, de l'installation d'un groupe de vétérans auxquels sont assignés des lots de terre. Le colon installé comme sous-locataire sur une parcelle d'une grande propriété est l'occupant héréditaire, mais non le propriétaire du sol ; il l'exploite, à charge pour lui de remettre à la compagnie fermière une part des fruits qu'il récolte.

C'était le régime appliqué sur des terrains étendus dans la vallée de la Medjerda, dans la région de Dougga, dans celle de

Sousse, en Tripolitaine, dans les régions de Bône et de Tébessa. Des procurateurs impériaux veillaient à ce que tout se passât régulièrement, à ce que le cahier des charges fût respecté et par la compagnie fermière et par les colons. Dans la région de Sétif, il semble qu'on se soit passé de l'intermédiaire de la compagnie fermière : les colons à qui l'empereur permettait de s'établir sur ses domaines n'avaient de rapport qu'avec le procurateur gouvernant la province.

Ainsi, quelques gros propriétaires, non résidant, le plus gros étant l'empereur ; des petits propriétaires exploitant, indigènes ou vétérans, dont le nombre tend à décroître ; de nombreux colons exploitant et versant une part de leur récolte soit à la compagnie fermière, soit directement au procurateur impérial, voilà comment se compose la population agricole de l'Afrique romaine.

***

Les produits de cette agriculture formaient trois parts : l'une était consommée dans le pays ; l'autre était versée à l'Etat, à titre d'impôt ou de redevance des compagnies fermières ; l'autre était exportée vers l'Italie par le commerce libre.

Il y a peu de chose à dire de la première : il va de soi que l'Afrique nourrissait d'abord sa propre population. Le cas de disette, à la suite d'une sécheresse exceptionnelle ou d'une invasion de sauterelles, a été rare : l'Afrique romaine était un des pays du monde antique où l'on était le plus assuré de manger à sa faim.

Nous sommes renseignés surtout sur la part de produits qui était remise à l'Etat. Rome a toujours marqué une préférence pour l'impôt payé en nature. Quand il s'agissait de vivres, comme dans le cas qui nous occupe, ces prestations s'appelaient *annona*. Les vivres revenant à l'Etat à titre d'impôt — ou, pour les compagnies fermières, de redevance, — étaient recueillis par les percepteurs dans des magasins disposés en de nombreux points du territoire. A ces magasins, les troupes de l'armée d'Afrique venaient toucher leurs vivres ; les fonctionnaires, les indemnités en nature qui s'ajoutaient à leur traitement. Le reste était dirigé sur les ports et transporté à Rome par des armateurs affrétés par l'Etat. L'annone d'Afrique fournissait, au début de l'Empire, probablement le tiers du blé nécessaire à Rome pour les distributions gratuites et les ventes à prix réduit, un autre tiers étant fourni par l'Egypte, le reste par les autres provinces ; il est probable que la part de l'Afrique devint, par la suite, plus importante : les prestations d'huile, surtout, allèrent en augmentant.

Enfin, une fois la population africaine nourrie et l'impôt

acquitté, il restait, dans la plupart des années, une part importante de la récolte disponible pour le commerce libre, qui l'exportait en Italie ou ailleurs : les bénéfices de ce commerce al-

Huilerie de Mdaourouch.

laient à l'intermédiaire, au marchand de grains en gros, beaucoup plus qu'au cultivateur : quelque chose néanmoins en restait à celui-ci, et la prospérité du pays était faite de l'accumulation de ces petits enrichissements.

***

En résumé, la mise en valeur de l'Afrique par Rome a été une œuvre méthodique et tenace, et qui a porté de bons fruits. Exploitée d'abord comme productrice de céréales, l'Afrique a été ensuite utilisée de façon plus large, sans cesser d'être traitée comme un pays foncièrement agricole ; les bénéfices de ce travail ont été partagés entre Rome et l'Afrique même, de telle façon que l'Afrique y a trouvé les moyens d'un progrès régulier vers l'aisance et le luxe. Nous verrons par quels monuments s'est traduite cette prospérité.

———— 101 ————

IV. — Les Monuments romains de l'Afrique.

24 Février.

C'est sur l'agriculture essentiellement que s'est fondée la richesse de l'Afrique romaine. Progressivement, de l'époque de César au IIIe siècle, les terres ont été mises en valeur, les indigènes ont appris la vie sédentaire, l'élevage même a perdu la forme barbare de la transhumance sur de vastes espaces pour devenir, dans la mesure du possible, une industrie régulière, à siège fixe. Ainsi les Berbères romanisés ont senti le besoin de se bâtir des demeures durables, d'avoir à leur disposition tous les organes d'une société civilisée ; les fonctionnaires et les colons immigrés d'Italie, peu nombreux, mais influents, entraînant par leur exemple la masse des indigènes, désiraient de leur côté donner à leur vie quotidienne un décor semblable à celui qu'ils avaient quitté pour venir s'installer en Afrique. Les bénéfices laissés dans le pays par l'exploitation du sol mettaient à la portée des Africains le moyen de satisfaire ces besoins. Par là s'explique l'existence, en Afrique, d'un grand nombre de villes de type romain, et de villas rurales qui présentent aussi tous les agréments du confort qu'on recherchait à Rome à l'époque impériale. Les ruines des unes et des autres sont très souvent apparentes, avant toute exploration, à la surface du terrain : les murs des grandes constructions souvent sont restés debout en partie, et les assises supérieures émergent au-dessus du sol ; des pierres de taille, dressées par intervalles, et que reliaient autrefois les unes aux autres des remplissages de briques aujourd'hui disparus, dessinent le plan des édifices ; dans le cas le moins favorable, l'écroulement des voûtes et l'amoncellement des débris ont formé des tumuli à la surface desquels se montrent des vestiges architecturaux et qui se révèlent tout de suite comme artificiels. Les inscriptions, sur marbre ou sur pierre ordinaire, se rencontrent fréquemment, visibles sur le terrain, ou bien remployées dans une construction berbère ou arabe, ou bien mises au jour par une fouille sommaire : car l'emploi des inscriptions commémoratives était, dans le monde romain, quotidien et universel. Aussi, depuis très longtemps, dès avant l'occupation française, un certain nombre de sites romains étaient-ils signalés comme tels, et un certain nombre d'inscriptions y avaient été copiées, malgré les difficultés d'accès et les dangers du voyage pour les Européens. Dès les premiers temps de la conquête française, l'exploration archéologique du pays a suivi pas à pas l'occupation militaire : la collaboration constante des officiers n'a jamais cessé d'aider efficacement, en Afrique française, le travail des historiens et des épigraphistes. Aujourd'hui, les villes romaines de Tunisie et d'Algérie ont été toutes, non pas explorées méthodiquement, mais au moins repérées et sondées ; quelques-unes ont été déblayées par des fouilles prolongées, ou sont en train de l'être. Monuments et inscriptions, étudiés à loisir, dans des monographies ou des ouvrages d'ensemble, nous permettent de nous représenter, de façon assez précise, ce qu'était la vie dans l'Afrique romaine du IIe au Ve siècle. Le Maroc, ouvert depuis peu à l'exploration scientifique, et d'ailleurs beaucoup moins riche en ruines romaines que les régions moins occidentales, apporte néanmoins à nos connaissances sa contribution : les ruines de Volubilis (Ksar-Faraoun), à quelque distance de Meknès, sont étendues et intéressantes : l'exploration s'en poursuit régulièrement. En Tripolitaine, on peut espérer que l'occupation italienne, d'ici quelque temps, nous renseignera sur ce qu'étaient les ports de la petite Syrte et leur banlieue. Je n'utiliserai aujourd'hui que des exemples tunisiens ou algériens pour indiquer ce qu'était le cadre matériel de la vie dans l'Afrique romaine, la physionomie générale des villes, les principales catégories de monuments qui les décoraient, l'aspect des habitations éparses dans la campagne, le degré d'art réalisé dans les constructions et les objets, affectés soit à l'utilité, soit à la décoration.

* * *

A première vue, il peut sembler étonnant qu'il y ait eu tant de villes dans l'Afrique romaine, pays agricole : la vie agricole nous apparaît comme impliquant essentiellement l'existence dans des fermes isolées ou dans des villages. La ferme isolée se rencontrait en Afrique, et nous en parlerons tout à l'heure ; le village aussi, en tant que groupement spontané ou artificiel d'un nombre restreint d'habitations ; mais une très forte partie de la population, même de celle qui vivait de la terre, habitait dans des villes, et la proportion de la population urbaine allait en augmentant de génération en génération, à mesure que les villages s'agrandissaient et se transformaient en cités administrativement indépendantes. La plupart de ces villes apparaîtraient, aux modernes, comme des villes plutôt petites ; Carthage seule serait pour nous une grande ville, dépassant cent mille habitants ; les autres villes africaines contenaient sans doute de 5 ou 6,000 habitants à une trentaine de mille, les villes d'environ 10,000 formant, selon toute vraisemblance, la catégorie la plus abondamment représentée. Mais il faut se rendre compte que, petites à nos yeux, ces villes étaient pour les anciens, moins habitués que nous aux grosses agglomérations, des villes d'une bonne importance moyenne.

Ceux qui y vivaient étaient, évidemment, en partie des commerçants et des industriels, dans la mesure où la présence de commerçants et d'industriels était nécessaire à la vie de la localité, mais c'étaient aussi des cultivateurs, qui, chaque matin et chaque soir, faisaient le trajet entre la ville et leurs terres. En d'autres termes, la ville africaine était une ville à population paysanne, conforme à un type très répandu de nos jours dans l'Italie méridionale, en Sicile et en Andalousie.

Il y avait, à ce goût d'une population agricole pour les villes, deux raisons : d'abord, une raison de sécurité, mais qui n'avait guère été valable qu'à l'origine et qui, à l'époque impériale, avait perdu la plus grande partie de son efficacité ; ensuite et surtout, une raison morale et politique : aux yeux des Romains, ou plutôt aux yeux des anciens en général, la vie urbaine est la seule forme de vie véritablement civilisée ; l'Etat ne leur apparaît que sous l'aspect de la cité, comme un agrégat de cellules municipales ; on ne peut être pleinement citoyen, apte à tous les droits de la vie sociale, qu'à condition d'être domicilié dans une ville ; à l'intérieur de chacune des communes entre lesquelles se fractionne le territoire de chaque province, il y a une différence hiérarchique entre les habitants du chef-lieu urbain et ceux qui sont épars dans les villages ou les hameaux : différence qui se traduit par les avantages juridiques et fiscaux accordés aux premiers. Les désirs de l'administration romaine et les intérêts des administrés convergent donc pour augmenter le nombre des villes.

En fait, on en trouve un peu partout. Sur la côte, le nombre des ports est élevé : beaucoup de rades et de baies qui sont aujourd'hui inutilisables fournissaient aux Romains des ports très convenables, parce que leurs navires avaient un faible tirant d'eau. Ces ports, d'ailleurs, existaient tous depuis une haute antiquité, depuis une époque — celle que nous entrevoyons dans l'Odyssée — à laquelle la navigation était timide : on longeait les côtes, on descendait à terre à la première bourrasque : il fallait beaucoup de refuges, échelonnés très près les uns des autres ; et tous ces petits ports de relâche, utilisés jadis par les Phéniciens, sont restés, par la force d'inertie, plus ou moins fréquentés à l'époque romaine. Ils ont continué à occuper les sites qui avaient été les sites favoris des Phéniciens : soit un cap, dont la saillie crée un mouillage en le mettant à l'abri de certains vents, soit un point du rivage en face d'une île, dont l'obstacle fait comme un môle naturel.

A l'intérieur des terres, les villes romaines se trouvent très rarement en plaine ; mais il est exceptionnel aussi qu'elles occupent des acropoles abruptes, très difficiles d'accès ; un site comme celui de Constantine, ce rocher presque complètement coupé du monde extérieur, est exceptionnel, et d'ailleurs n'est pas un site choisi par les Romains, mais hérité par eux des rois numides. Il ne s'est pas produit, en Afrique, ce qui semble s'être produit dans bien des cas en Gaule et en Espagne, et souvent aussi en Italie : le transfert, par l'autorité des magistrats romains, d'une ville indigène — forteresse facilement défendable à l'origine, — dans une vallée, sur une route, en une position telle qu'une révolte indigène n'était plus à craindre, et qu'au surplus le courant normal de la circulation facilitait le développement de la ville nouvelle. En Afrique, la plupart des villes sont dans une situation intermédiaire entre l'isolement farouche et l'accès trop aisé : elles occupent des collines moyennes, des plateaux à pentes douces, des flancs de coteau. Elles sont souvent couvertes sur une partie de leur pourtour par des obstacles naturels, ravins ou cours d'eau, mais sans que cette ceinture naturelle de défense ait l'allure d'un précipice infranchissable et surtout sans qu'elle soit complète : une communication plane ou en plan incliné, qui ne comporte que des travaux humains de fortification, met la ville en rapport avec le reste du pays. Les villes sont placées de façon à voir autour d'elles, à surveiller, à être averties en cas de danger, mais on a eu en vue, en les construisant, autre chose que les nécessités militaires et l'éventualité d'un siège : on a songé à se placer au niveau des sources, à proximité des bonnes terres, et en un point tel que la circulation et les courants commerciaux pussent y passer. C'était ce que faisaient déjà les Carthaginois et même les Numides, sauf exception ; les Romains n'ont eu, sur ce point, qu'à suivre, lorsqu'ils ont établi des villes nouvelles, une tradition créée avant eux.

Il va sans dire que, d'une région à l'autre, la densité des villes était inégale : dans le Sud de la Tunisie (au Sud de Sfax) comme en Tripolitaine, les villes étaient nombreuses sur la côte, mais on en trouvait fort peu à l'intérieur. La région accidentée, coupée de plaines et de collines, qui a son débouché naturel par le Nord-Est, à Sousse, comportait plusieurs gros centres, comme Thelepte et Sufetula. Les villes étaient très nombreuses, séparées les unes des autres par quelques milles à peine, dans les vallées des affluents de droite de la Medjerda, et dans la vallée de l'Oued Miliane. Là se trouvaient, entre autres, Ammaedara (Henchir-Haïdra), Sicca Veneria (Le Kef), Althiburus (Hr.-Medeina), Mactaris, Thuburbo Majus (Hr.-Kasbat) ; les agglomérations urbaines étaient particulièrement serrées dans la région de Thugga, autour de laquelle se groupaient

Thignica, Thubursicu Bure et d'autres. Dans la basse vallée de la Medjerda même, les villes étaient nombreuses aussi ; elles se raréfiaient plus haut, vers la frontière algérienne, du côté de Bulla-Regia (Hammam-Darradji) et de Simitthu. Les environs de Carthage étaient naturellement très habités, ainsi que les bords du grand promontoire qui ferme le golfe de Carthage à l'Est. En Algérie, une série de villes borde la côte : elle comprend Bône, Philippeville, Djidjelli, Bougie, Dellys, Tipasa, Cherchell, Ténès, Saint-Leu ; un groupe assez dense a son origine dans la mise en culture des plateaux numides, avec Madaure, Khemissa, Guelma, Announa, Cirta, Djemila, Sétif; d'autres villes, au Sud-Est, jalonnent les routes qui servent de voies de pénétration à l'œuvre romaine, Tébessa, Khenchela, Timgad, Lambèse. Les villes s'espacent de plus en plus, et perdent de leur importance, — je parle des villes qui sont à l'intérieur des terres, — à mesure qu'on va vers l'Ouest.

De ces différentes villes, celles dont il nous est le plus difficile peut-être de reconstituer l'aspect antique sont les villes maritimes. Sur plusieurs points les cours d'eau ont changé de lit, ont modifié par leurs apports le dessin du littoral : il en est ainsi, notamment, dans le golfe de Carthage ou d'Utique, comblé en partie par la Medjerda : la portion de golfe qui avoisinait Carthage au Nord est aujourd'hui devenue une lagune ; Utique est éloignée de la mer. Il faut un grand effort d'imagination pour retrouver les lignes anciennes du paysage, pour reconnaître les ports de Carthage dans les petits étangs qui les représentent. Il en est de même, dans une moindre mesure, à Bône, où le dessin du littoral aussi a été modifié. Ailleurs, ce qui a fait disparaître les traces du port antique, c'est le fait que le mouillage a continué à être utilisé à travers les siècles, et que les constructions postérieures, en se superposant aux constructions antiques, les ont fait disparaître : c'est ce qui s'est produit à Sousse, à Bizerte, à Philippeville. C'est moins par les monuments restés en place que par les menus documents épigraphiques que nous pouvons évoquer la vie des ports antiques : par exemple, les dédicaces aux dieux exotiques, orientaux en particulier, nous font saisir l'influence sur les mœurs de relations entretenues avec les pays asiatiques, directement et surtout indirectement, par l'intermédiaire de marins qui ont fréquenté les ports orientaux ; des plombs de douane, des reçus écrits sur des tessons de poterie nous renseignent sur les opérations qui accompagnaient le chargement des navires.

Nous avons des exemples mieux conservés de ce qu'on peut peut appeler les villes agricoles, c'est-à-dire de celles qui ont été sans doute, à l'origine, un village, grossi peu à peu, par la force des choses, à mesure que le pays était mieux mis en valeur. Dougga en Tunisie, dont les fouilles sont, parmi les fouilles tunisiennes, celles qui ont été poursuivies avec le plus de continuité, Mactaris en Tunisie, Announa en Algérie, dont la fouille peut être considérée comme terminée, sont de bons échantillons de ce type. La ville s'est construite peu à peu, en utilisant le terrain au gré des caprices individuels et des commodités du moment ; le caractère foncièrement indigène de cette population de cultivateurs se révèle à l'examen des noms dont les inscriptions fournissent une longue liste ; et l'on y voit telle ou telle famille s'élever progressivement dans la hiérarchie

Ruines de Djemila : le Forum.

sociale, à force d'économies accumulées sur chaque récolte et de terrains conquis sur la friche.

Enfin, nous connaissons bien, par quelques exemples fameux, les villes militaires, telles que Timgad et Lambèse. Timgad, colonie de vétérans, a été tracée au cordeau : des rues perpendiculaires les unes aux autres, régulièrement espacées, dessinent un quadrillage exact. Les édifices publics y occupent une place prévue, voulue : tout le plan a été conçu « sur le papier », dans un bureau impérial, et appliqué délibérément sur le terrain. A Lambèse, le camp présente la même régularité, ou pour mieux dire Timgad, ville de vétérans, a été dessinée par quelqu'un qui avait dans la mémoire le schéma traditionnel du camp légionnaire; mais à Lambèse la ville, surgie au voisinage du camp, n'a à aucun degré l'allure géométrique de Timgad ; elle fait contraste par sa souplesse avec le camp d'où, en somme, elle est sortie. Je citerai encore, comme intéressante à observer, une ville comme Djemila, qui, colonie de vétérans à l'origine, a oublié par la suite ces débuts et s'est affranchie du plan initial : éloignant son centre peu à peu du promontoire où elle avait été d'abord installée, la ville de Cuicul, remontant la pente sur laquelle elle est bâtie, s'élargissant de plus en plus, a épousé les formes du terrain avec une docilité qui en fait un très bon exemple de ville vivante, non asservie à un formalisme d'arpenteurs officiels.

Dans toutes ces villes, quelle qu'en soit la nature particulière, l'élément essentiel et le centre vital est la place publique, le forum. Le forum symbolise à lui seul cette existence urbaine à laquelle il est si important, dans le monde romain, de participer. C'est une place dallée, où souvent les voitures n'ont pas accès, qu'entourent des monuments publics et des boutiques, dont des arcs et de beaux escaliers, souvent, décorent l'entrée, et qui porte une quantité sans cesse croissante de monuments honorifiques, statues d'empereurs, de patrons de la ville, ou de bons citoyens. Les forums de Gigthis et d'Althiburus, récemment dégagés, sont très attrayants. Il peut y avoir dans une ville plus d'un forum, surtout quand la ville s'est agrandie et que le centre du mouvement s'est déplacé. C'est le cas à Khemissa, à Djemila. Celui qui est le forum proprement dit, dans ce cas, est celui où se trouve la curie, salle où se réunit le conseil municipal. Une ou plusieurs basiliques sont nécessaires : c'est le bâtiment où, à l'abri du soleil et de la pluie, on jugera les procès et on traitera les affaires. Des temples s'élèvent, un peu dans tous les quartiers, à des divinités multiples ; les cités les plus romaines se construisent un Capitole, comme Sufetula (Sbeitla). Il arrive que des établissements d'un caractère particulier s'y ajoutent : c'est ainsi qu'à Lambèse le sanctuaire d'Esculape est accompagné de toute une série de constructions qui correspondent sans doute à un grand hôpital. Il faut des marchés aussi, pour la vente au détail des produits destinés à la vie quotidienne, les marchés en gros se traitant à la basilique : ils apparaissent comme une cour de forme variable entourée de petites boutiques, par exemple à Timgad et à Djemila.

Il n'est nullement indispensable qu'une ville romaine soit entourée de murs : il n'y a jamais eu, à ce sujet, de règle générale. On fortifiait, en l'entourant d'une muraille tracée avec un soin religieux, toute colonie qu'on fondait ; mais, ailleurs, Rome préférait plutôt, pour la sécurité de sa domination, que les villes restassent ouvertes ; au surplus, les colonies, quand elles prospérèrent, débordèrent de beaucoup, comme on le voit à Timgad, le cadre dans lequel elles avaient été créées. Il n'y a eu de murailles à proprement parler que dans les villes d'avant-garde, installées dans un pays encore dangereux, et, d'autre part, en beaucoup d'endroits à partir du IIIe ou du IVe siècle, quand a commencé le désarroi qui facilitait et encourageait les attaques des Barbares.

Mais même là où il n'y avait pas d'enceinte véritable, il y avait souvent l'arc-de-triomphe ou les arcs qui, faisant fonction de portes, donnaient tout de suite à l'arrivant une haute idée de la prospérité de la ville.

Cette prospérité se marquait surtout, comme il était naturel, par l'importance donnée au superflu, aux constructions destinées au divertissement. Il n'y a guère de ville un peu notable où l'on n'ait signalé un théâtre, c'est-à-dire une construction semi-circulaire, la scène occupant le diamètre et les gradins la demi-circonférence; plus rarement on a l'amphithéâtre, c'est-à-dire la construction elliptique dont les gradins occupent tout le pourtour, l'arène étant réservée aux spectacles ; plus rarement encore, le cirque, ellipse extrêmement allongée. Le cirque est le lieu des courses des chars ; l'amphithéâtre sert aux combats de gladiateurs, aux chasses ; au théâtre on joue des tragédies, des comédies, et ces courtes pièces plaisantes, appelées mimes, très en faveur depuis le dernier siècle de la République.

Les villes très riches ont tous ces lieux de divertissement à la fois (c'est le cas à Cherchell, par exemple) ; d'autres s'entendent, entre voisines, pour se répartir les dépenses : il semble ainsi que Timgad n'ait pas d'amphithéâtre, et Lambèse pas de théâtre. L'amphithéâtre d'El-Djem et le théâtre de Dougga sont des spécimens très instructifs.

Nulle part ne manquent les thermes, souvent très vastes et très somptueux. C'est que les thermes sont le lieu où l'on va de préférence passer ses loisirs ; ils tiennent lieu aux Romains de café et de cercle. Non seulement on s'y baigne, mais on y fait des exercices physiques, on y cause, on y joue. Le Romain ou le Berbère romanisé passe, aux thermes, une bonne partie du temps que ne lui prennent pas les affaires, sur le forum : il n'est guère chez lui que pour dormir. — Un édifice jusqu'à présent unique en Afrique et qui apportait de nouvelles ressources contre l'ennui est la bibliothèque publique de Timgad.

Telle est la place tenue par les édifices publics, et matériellement, dans la surface des villes, et moralement, dans la vie des Romains ou des peuples formés à leurs mœurs, que pour les maisons privées il ne reste pas grand'chose. Elles sont petites, pas très bien distribuées, et devaient être peu meublées. Cela tient non seulement à l'indifférence relative des Romains en général pour la vie d'intérieur, mais aussi à la condition modeste de la majorité des Africains : il y a, dans les villes, une majorité de petits propriétaires, de petits commerçants, de petits industriels, qui vivotent ; et une aristocratie locale, une

Tébessa : Arc de Caracalla.

bourgeoisie composée de quelques familles riches : petits propriétaires plus heureux que les autres, qui ont arrondi leur patrimoine, et surtout actionnaires des compagnies fermières qui mettent en exploitation les grands domaines privés ou impériaux.

Ces privilégiés, qui dirigent, comme duumvirs, décurions ou flamines, les affaires de la cité, qui souvent font construire à leurs frais ou embellir les monuments de leur ville, ont eux aussi une maison dans la ville ; ce domicile leur est nécessaire pour qu'ils puissent légalement jouer un rôle municipal. Mais cette maison de ville ne se distingue, en général, pas essentiellement des autres maisons privées, bien qu'elle soit un peu plus grande et sans doute un peu plus luxueuse ; le séjour favori des riches Africains, c'est la villa confortable qu'ils possèdent à la campagne.

Il y a, en effet, en dehors des villes, toute l'échelle possible des habitations rurales. Elle part du gourbi qu'a conservé l'indigène, quand il est resté fruste, et de la chaumière où s'abrite le colon pauvre. Puis viennent les petites fermes plus aisées, et les hameaux, les villages où se développe, par le rapprochement des maisons et des familles, un germe de vie sociale. Enfin, le type de beaucoup le plus intéressant de l'habitation à la campagne, c'est la grande villa, que nous voyons figurée sur des mosaïques de Tabarca et d'Oudna (au Bardo), et de l'Oued Athménia (près de Constantine).

Le noyau de cette villa est une vaste cour, entourée de constructions élégantes qui servent d'habitation ; s'y adossant par derrière, ou bien formant un groupe à part autour d'une autre cour, les bâtiments d'exploitation. Au delà, un parc, avec des arbres bien taillés, des eaux, un enclos à gibier. Les salles de cette maison des champs sont grandes ; il s'y trouve des bains, plus petits que les thermes publics de la ville, mais offrant les mêmes commodités. On peut, dans cette villa, vivre sur soi, en grand seigneur, avec tout le confort des bonnes maisons de Rome. On peut s'y permettre des fantaisies comme l'entretien d'écuries luxueuses pour les chevaux de course. C'est dans de telles villas que devaient habiter les plus importants des procurateurs impériaux chargés de l'administration des domaines, et les gros propriétaires ou les fermiers généraux, quand ils résidaient en Afrique : ils vivaient sur la partie des domaines non distribuée aux colons et sur laquelle les colons devaient fournir des corvées. D'une part, la vie municipale à l'image de Rome, telle qu'elle se déroule au forum et dans les monuments qui l'entourent ; d'autre part, la vie confortable menée par un Africain riche dans une propriété rurale aménagée au goût romain, telles sont les deux formes les plus évoluées que prend l'existence matérielle dans la Berbérie romanisée.

V. — La Vie intellectuelle et morale dans l'Afrique romaine.

3 Mars.

Nous avons vu sous quel aspect se présentait le cadre matériel de l'existence dans l'Afrique romaine. Il est nécessaire maintenant d'aller un peu au delà, et, en utilisant les indications fournies par les ruines même des édifices romains, celles aussi que contiennent les textes des auteurs latins qui ont écrit en Afrique, de chercher à se représenter la vie intellectuelle et morale que ce cadre entourait. En agissant sur les conditions matérielles de l'existence en pays berbère, Rome, inévitablement, a agi sur les âmes ; en même temps qu'elle aménageait la terre, elle assimilait la population. Nous avons à nous demander ce qu'étaient devenus, sous l'influence de la domination romaine, les besoins des indigènes, quel degré de culture ils avaient atteint, quels sentiments les groupaient.

***

L'examen des documents archéologiques nous renseigne avant tout sur la proportion d'art qui entrait dans le décor de l'existence africaine, sur le degré de raffinement auquel était parvenu, à l'école de Rome, le goût des Africains. Cette valeur artistique des monuments africains, il ne faut pas l'exagérer. Il y aurait de la duperie à s'extasier imprudemment sur l'art antique que nous révèlent les fouilles d'Algérie et de Tunisie. C'est un art provincial, peu original de conception, et d'exécution moyenne, sans plus.

L'architecture est une architecture d'ingénieurs et d'architectes officiels, qui cherche peu, qui reproduit des types classiques dans tout le monde romain. Il en est de même pour la sculpture : images divines, images impériales et statues municipales sont des exemplaires, inégalement adroits, de la production courante. Les mieux venus, par exemple les statues trouvées à l'Odéon de Carthage et au temple d'Apollon de Bulla Regia (l'une et l'autre série se voient au Musée du Bardo, à Tunis) sont simplement d'honnêtes répliques, qui ne s'élèvent pas au-dessus de l'art décoratif. Il y a bien, en Afrique, deux très belles séries de sculptures : l'une est au Bardo, mais elle représente la cargaison d'un navire qui, venant d'Orient et

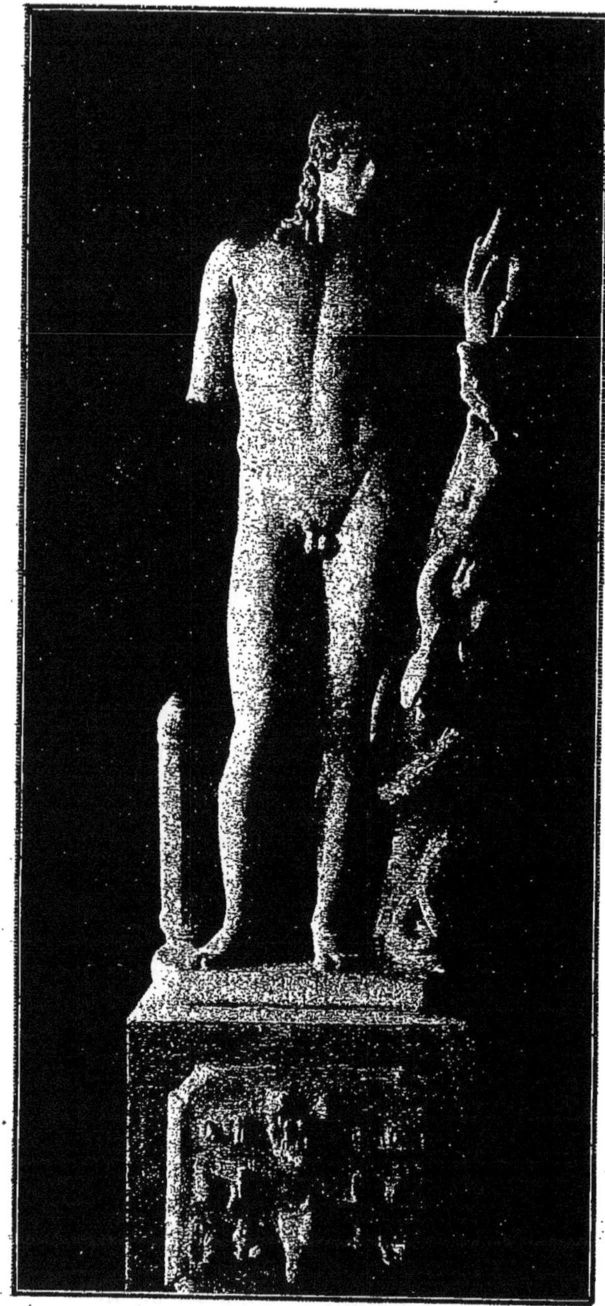

Apollon de Cherchell.

chargé d'œuvres grecques, a coulé près de la côte tunisienne, à hauteur de Mahdia ; ramenées à la surface par des scaphandriers, les œuvres d'art qui composaient cette cargaison sont aujourd'hui en Tunisie, mais n'y sont que par hasard. L'autre série est celle des sculptures trouvées à Cherchell, mais elle aussi, en somme, est le résultat d'un accident : c'est un caprice, individuel, ce sont les goûts de collectionneur et d'artiste du roi Juba II qui ont déterminé la réunion des belles statues, grecques ou directement copiées de modèles grecs, que les recherches modernes ont remises au jour et qui ont été partagées entre les musées du Louvre, d'Alger et de Cherchell. Il semble que, grâce à la présence, à la contemplation quotidienne de la collection créée par Juba, Cherchell soit restée, même après la mort de Juba, un foyer d'art vivace, une ville privilégiée artistiquement, où l'on avait, plus qu'ailleurs, le sens et le besoin de la beauté : mais ce coin de Maurétanie a été, dans l'ensemble de l'Afrique, une exception, un îlot, qui ne donne nullement l'étiage des mœurs générales : partout ailleurs qu'à Cherchell, on se contentait à bien moins de frais.

La mosaïque, art particulièrement africain, car en aucune autre région l'habitude des pavements historiés n'a été si répandue, nous donne des renseignements très précieux : les mosaïques réunies au Musée du Bardo sont extrêmement intéressantes pour les archéologues, soit qu'elles représentent des scènes mythologiques, soit surtout qu'elles reproduisent des tableaux de la vie courante ; mais la valeur esthétique de ces productions est généralement faible ; ce n'est presque jamais une réussite d'art.

La note moyenne, la note du goût populaire nous est donnée par les tombeaux : les plus élégants reproduisent des types classiques, en usage en Italie ; les plus modestes n'ont en propre, comme élément de terroir, qu'une grande maladresse dans l'exécution des reliefs dont ils sont décorés.

En résumé, les arts plastiques, dans les provinces berbères du monde romain, ne se sont pas élevés très haut. La comparaison, devenue traditionnelle, entre Pompéi et Timgad, est tout à l'avantage de Pompéi : à Pompéi aussi, l'art en présence duquel nous nous trouvons est, dans la plupart des cas, un art décoratif, de production courante ; mais il correspond à un goût plus exigeant et moins banal. Aucune ruine africaine n'a rien donné, en matière d'art décoratif ou industriel, qui fût comparable, même de loin, aux peintures murales des villes ensevelies par le Vésuve.

Ainsi, il n'y a pas à se faire illusion sur la beauté, sur la valeur artistique du décor que les Africains romanisés donnaient à leurs occupations quotidiennes. Mais deux idées romaines les avaient pénétrés et se traduisaient dans ces monuments artistiquement médiocres : la recherche du confort, et l'orientation des dispositions matérielles vers la vie municipale. Caractère durable des constructions, répartition de l'eau, dallage des rues, portiques abritant, contre le soleil ou la pluie, les citadins, aménagement hygiénique des thermes et des latrines, dont on peut étudier de curieux exemples à Djemila, à Timgad, à Mdaourouch, tout cela nous montre les Africains très éloignés de leurs habitudes autochtones, de la vie sous la tente ou dans des cabanes sommaires. Tout ce qu'il y a d'utilitaire, de pratique dans la civilisation romaine, toute la part d'organisation matérielle a trouvé accès et accueil en Berbérie ; et c'était là, à vrai dire, ce qu'il y avait de plus solide et de plus vivace dans la civilisation romaine de l'époque impériale, où le grand art ne tient qu'une place limitée et progressivement restreinte. D'autre part, l'importance donnée, dans chaque ville, au forum et aux bâtiments publics met en lumière la grande transformation apportée par les Romains dans la vie des Berbères : l'inscription de chaque individu dans un groupement municipal, l'institution d'organes administratifs qui gèrent les intérêts de chaque commune, qui ont un contrôle, par l'état-civil, par les opérations du cens, sur la vie de chaque particulier, et sont eux-mêmes contrôlés par l'opinion publique de cet Etat en réduction que constitue la cellule municipale. A cette conception romaine, les Berbères se sont pleinement ralliés, et cela a entraîné, dans leurs habitudes et dans leur état d'esprit, toute une série de conséquences.

* * *

Une de ces conséquences a été d'abord que quiconque a voulu tenir une place dans la vie de l'Afrique romaine, exercer une fonction, se mêler à des affaires de quelque envergure, a parlé latin. Des deux langues qui étaient en usage en Afrique avant la conquête romaine, le libyque, langue des indigènes, qui survit aujourd'hui dans le berbère, et le punique, langue des Carthaginois, qui non seulement se parlait dans les territoires soumis directement à Carthage, mais s'était répandue comme langue de civilisation dans la Numidie et la Maurétanie au temps de leur indépendance, ni l'une ni l'autre n'avait disparu. Il y a quelques inscriptions libyques, et des inscriptions puniques un peu plus nombreuses, qui datent de l'époque romaine : ce sont des ex-votos et surtout des épitaphes gravées par de pauvres gens, et la plupart du temps par des campagnards. Le fait que des inscriptions aient été rédigées en ces langues implique qu'elles étaient parlées, et sans doute par des fractions assez importantes de la population, en particulier par les basses classes, celles qui avaient le moins l'occasion d'écrire, de sorte que la rareté des inscriptions non latines ne doit pas nous faire croire à la disparition presque complète des idiomes non latins. Une lettre de saint Augustin nous apprend que pour un district rural des environs de Bône, il fallait des prêtres capables de parler punique, car la masse de la population n'aurait pas compris un sermon prononcé en latin. Assez nombreux surtout ont dû être les individus bilingues, parlant soit le libyque et le latin, soit le punique et le latin : le libyque ou le punique, dans la vie familiale, dans les relations avec les domestiques, les petites gens, les voisins ; le latin, dans tous les actes de quelque importance et dans toutes les circonstances de la vie publique, — à peu près de même qu'un Italien d'aujourd'hui, même cultivé et de rang social élevé, parle en famille son dialecte piémontais, ou lombard, ou vénitien, et l'italien officiel en public. Seulement, il n'y a pas, en Afrique, simplement la différence d'un dialecte provincial à un dialecte de même famille devenu langue officielle : il y a superposition de trois langues qui n'ont pas d'origine commune, libyque, punique et latin, — comme dans l'Afrique d'aujourd'hui se superposent le berbère, l'arabe et le français.

En tout cas, la langue des tribunaux, des délibérations municipales, des correspondances et des conversations officielles, est exclusivement le latin. La diffusion en est efficacement aidée par le service militaire, qui amène au latin, dans les corps auxiliaires, des hommes recrutés dans les cantons les plus réfractaires à la civilisation romaine, et par les écoles. Il n'y a eu qu'exceptionnellement, dans l'antiquité, intervention de l'Etat dans l'enseignement ; mais il y a eu fréquemment intervention des municipalités, appelant des maîtres, les rétribuant, leur fournissant des locaux ; là où la municipalité était trop pauvre, ou indifférente, un citoyen ou un groupe de citoyens faisait volontiers la dépense nécessaire pour créer une école, et les subsides des parents donnaient aux maîtres de quoi vivre, et de quoi vivre largement lorsque le maître était réputé. On ne peut distinguer nettement, dans l'enseignement romain, des degrés ; on ne peut parler que par un abus de langage d' « universités » installées dans les grandes villes comme Athènes ou Carthage ; il y a simplement gradation d'exercices suivant l'âge et les connaissances de l'enfant, d'abord la lecture, puis l'explication des poètes et des historiens, enfin l'entraînement à la parole en public, exercices de déclamation et de controverse. Les plus élevés de ces exercices, ceux qui s'adressent aux jeunes gens les plus avancés en âge et en expérience, sont particulièrement cultivés dans les grandes villes comme Carthage ou Cirta, où la vie intellectuelle est plus active, où il y a plus d'émulation, sans doute aussi plus de ressources en livres ; mais dans des villes beaucoup moins importantes on pouvait trouver aussi de bonnes écoles : on venait d'un rayon assez étendu fréquenter celles de Madaure. Ce qui manifeste le prix qu'on attachait au travail et aux succès scolaires, c'est la fierté dont chaque ville entoure ceux de ses citoyens qui sont devenus des grammairiens ou des rhéteurs en vue : on les appelle aux honneurs publics, on fait d'eux les patrons du municipe ou de la colonie, on leur élève des statues sur la base desquelles on commémore soigneusement les succès scolaires ou littéraires qui ont fait leur notoriété.

D'ailleurs, l'Afrique romaine a produit mieux que des célébrités locales. L'appoint de personnel qu'elle a donné aux lettres latines a été important, non seulement dans la littérature chrétienne, où la place des Africains a été prépondérante, mais déjà dans la littérature païenne, dès le second siècle. Au début de ce siècle, le poète Juvénal, exprimant l'impression recueillie dans les milieux littéraires de Rome, appelle l'Afrique « la terre nourricière des avocats » : dès ce moment-là, donc, les études d'éloquence sont florissantes en Afrique, et des avocats africains se font une réputation jusqu'en Italie. Dans le cours du second siècle, entre autres écrivains originaires d'Afrique, il faut citer le rhéteur Fronton, né à Cirta, et maître de l'empereur Marc-Aurèle : il a eu une réputation prodigieuse, il a réalisé exactement l'idéal littéraire de ses contemporains ; et si nous trouvons, nous, dans ses œuvres, beaucoup d'affectation, de la prétention et du mauvais goût, nous ne devons pas oublier que ces défauts, pour les Romains du IIe siècle, étaient des qualités, et que Fronton a été unanimement reconnu, de son vivant, comme un très grand artiste. Il faut citer aussi Apulée, né à Madaure, talent beaucoup plus vivant, plus large, plus souple que Fronton, esprit curieux, tenté par toutes les philosophies, par tous les mysticismes, orateur fécond en trouvailles d'idées et de mots, artiste très raffiné.

Nous sommes naturellement hors d'état de déterminer, pour chacun des écrivains anciens qui nous sont signalés comme nés en Afrique, dans quelle mesure il descend d'ascendants berbères, et dans quelle mesure il descend d'immigrés. Mais, après ce que nous avons dit d'une façon générale sur le peuplement de l'Afrique romaine, il est vraisemblable que, dans la grande majorité des cas, quand nous nous trouvons en présence d'un écrivain latin d'Afrique, nous avons affaire non à un descendant d'immigrés, mais à un Berbère romanisé. Il semble que les Berbères soient très capables d'atteindre une haute culture, de réaliser de très beaux exemplaires d'humanité, mais qu'ils soient incapables de manifester leurs dons, de s'exprimer, tant qu'ils restent confinés dans leur idiome propre et renfermés en eux-mêmes : il leur faut le ferment d'une initiation étrangère, et, comme outil, une langue plus complexe que la leur. Quand M. Henri Basset a retracé, dans son *Essai sur la littérature berbère,* l'histoire de cette littérature, il a été amené à constater surtout combien cette littérature se réduisait à peu de chose, combien il était difficile, exceptionnel qu'elle arrivât à produire une œuvre qui méritât l'épithète de littéraire. Le Berbère qui a vraiment quelque chose à dire ne le dit que dans une langue différente de la sienne. Si peu renseignés que nous soyons sur la littérature numide antérieure à la période romaine, nous savons qu'un roi numide, Hiempsal, ayant à écrire des ouvrages historiques, les rédigea en punique. Il y a donc eu, avant l'époque romaine, une littérature berbère en langue punique ; à l'époque romaine, il y a eu une littérature berbère en langue latine ; de même il y a eu, au moyen âge, une littérature berbère en langue arabe, et il y aura peut-être un jour, lorsque l'assimilation aura eu le temps de donner son plein effet, une littérature berbère en langue française, — mais seulement lorsqu'aura été réalisée, comme condition préalable, cette adaptation morale des indigènes que les Romains avaient eu le temps d'opérer.

* * *

De cette adaptation morale, le trait le plus digne d'être souligné est sans doute l'apprentissage qu'ont fait les Berbères, sous la domination romaine, des sentiments de solidarité, et des habitudes de groupement, de coopération. Non seulement, entrés, à quelque titre que ce soit, dans l'humanité romaine, les Berbères font partie de cette grande communauté de peuples qu'est l'Empire romain ; non seulement chacun d'eux tient son rang dans un organisme municipal ; mais sous mille formes diverses, dans tous les détails de la vie, la société romaine développe, chez ceux qu'elle forme, l'esprit d'association.

On ne peut pas dire que cet esprit, que le sens du groupement manque naturellement au Berbère. Mais le Berbère conçoit surtout le groupement sous la forme clan contre clan, çof contre çof, comme un moyen de lutte civile beaucoup plus que comme un organe de la vie sociale, comme une arme offensive et non comme un instrument de travail. Ce qui, chez les Numides, frappait les historiens latins lors de la conquête, c'était leur indiscipline, leur incapacité de s'entendre et de coopérer, la dissociation rapide des groupements éphémères qu'ils constituaient. Civilisés par Rome, ils apprennent au contraire à s'entr'aider, à faire converger leurs efforts. Groupements professionnels, confréries religieuses, sociétés de secours mutuels, ces trois espèces de *collèges*, pour employer le terme romain, entrent pleinement, sous l'Empire, dans les habitudes africaines ; ce ne sont pas, d'ailleurs, trois espèces distinctes, mais le même collège a souvent les trois caractères à la fois, ou deux d'entre eux : et il n'y a pas rivalité, hostilité d'un collège à l'autre, mais entente, sous la surveillance, d'ailleurs, et sous l'autorité des fonctionnaires impériaux qui réprimeraient au besoin les actes de discorde. Ainsi se développent des sentiments de solidarité corporative qui doublent les sentiments familiaux et qui, chez les isolés, chez les individus sans famille, les remplacent. Un exemple de ces groupements, exemple que nous connaissons bien, grâce aux inscriptions découvertes au camp de Lambèse, est celui des associations formées, à l'intérieur de la légion, par les sous-officiers de chaque grade et les employés de chaque spécialité : elles développent les sentiments de camaraderie, garantissent à leurs membres les avantages d'une sorte d'assurance mutuelle, et les font communier dans le culte de l'empereur.

Il va sans dire, en effet, que parmi tous les liens sociaux le lien religieux est un des plus forts. Le monde romain du IIe et du IIIe siècle après J.-C. est loin des origines de la cité antique ; il n'a cependant pas oublié que la cité primitive dont il est sorti était fondée sur le culte, et les actes religieux continuent à faire partie intégrante de la vie publique. Et même il n'y a jamais eu de temps ni de pays où la religion prit autant d'aspects, il n'y a jamais eu pareil rendez-vous de croyances dans le même pays, dans la même ville, dans l'âme du même individu. Un Africain de l'époque impériale a conservé le souvenir des cultes indigènes, attachés aux montagnes, aux sources, aux grottes, à tous les génies de la nature ; il n'a pas oublié non plus les divinités sémitiques reçues par ses ancêtres des Carthaginois, Tanit qu'il appelle maintenant la déesse Céleste, Baal qu'il appelle maintenant Saturne. A ces divinités sont venues s'ajouter celles de Rome, où se mélangent les divinités italiques et les divinités grecques assimilées aux divinités italiques ; en première ligne, la triade divine du Capitole, Jupiter, Junon et Minerve ; puis, parmi les divinités les plus fréquemment honorées en Afrique, Mars, patron des colonies militaires, Mercure, auquel les producteurs et les marchands d'huile semblent avoir voué un culte spécial ; Cérès et Bacchus ; Esculape, dont le culte est normal partout où il y a une source thermale. Enfin, la Rome impériale accueille de plus en plus largement les divinités des régions orientales, Egypte, Asie Mineure, Syrie, Perse : et toutes ces divinités sont honorées aussi en Afrique, introduites par des fonctionnaires, par des soldats, par des marchands. La religion romaine n'a aucun exclusivisme ; elle est aussi accueillante que possible. Il y a, chez les Romains cultivés, l'idée que toutes les religions particulières ne sont que des formes de la religion universelle, que tous les noms de dieux et de déesses ne sont que des désignations du même principe divin épars dans le monde ; et il y a, chez les gens du peuple, l'idée que plus on adore de divinités, plus on s'assure de protecteurs, de même que le Napolitain croit que la Madone de sa rue et celle de la rue voisine sont deux vierges distinctes qu'il est bon de se concilier l'une et l'autre. Attitude philosophique des gens cultivés et attitude superstitieuse des humbles aboutissent, dans la pratique, au même résultat : une large hospitalité accordée aux cultes les plus divers.

Dans cette abondance de cultes, chaque localité, chaque personne a ses dévotions spéciales, mais prend part aussi aux dévotions des autres, ou du moins les regarde avec sympathie. Simples particuliers, magistrats municipaux, fonctionnaires impériaux interviennent dans les cérémonies, comme donateurs ou comme assistants. Du point de vue de l'Etat, le culte qui passe avant tous les autres est, nous l'avons dit, celui des empereurs : il est le signe et le gage du loyalisme général ; les vœux que forment les Africains pour le salut de l'empereur et pour la grandeur de Rome témoignent de la communauté d'intérêts et de sentiments par laquelle ils se sentent liés à la capitale de l'Empire.

* * *

Mais, en raison même de cette communauté, les grands mouvements d'idées et de croyances qui traversent le monde romain ne peuvent pas ne pas avoir d'action en Afrique. Par suite, quand le christianisme se développe, la religion nouvelle fait en Afrique non moins de prosélytes qu'ailleurs.

Elle en fait même peut-être davantage, ou les fait plus vite, grâce aux traces laissées en Afrique par l'influence sémitique des Carthaginois. Si différente qu'elle fût des croyances chrétiennes, la religion punique tendait cependant à la conception d'un Dieu unique, exclusif et jaloux, ne tolérant pas le partage avec des dieux étrangers. Réprimées d'abord par la diffusion de la religion gréco-romaine, ces tendances monothéistes se firent jour de nouveau et s'accentuèrent lorsque le christianisme se répandit.

Que la propagande chrétienne ait été favorisée par les conditions politiques, économiques et morales du monde romain, par les aspirations religieuses et mystiques de beaucoup d'âmes, par le désir de justice sociale, c'est une vérité générale qui s'applique à l'Afrique comme aux autres provinces. En Afrique comme ailleurs, les premiers foyers d'évangélisation furent les synagogues. C'est dans les petites communautés juives qui existaient dans les ports africains que fut connue d'abord, sans doute, la nouvelle doctrine, apportée d'Orient par quelque

Basilique de Tigzirt.

marin ou quelque négociant ; puis la propagande chrétienne a fait des recrues en dehors des cénacles juifs, parmi les païens ; des chrétiens, prédicateurs bénévoles, sont venus non plus seulement d'Orient, mais d'Italie. La langue latine a pris, dans la chrétienté d'Afrique, la place prépondérante, unique, que le grec avait pu d'abord lui disputer, lorsque le christianisme restait confiné dans quelques groupes d'origine orientale. Des Africains ont traduit en latin les livres sacrés. Dès la fin du IIe siècle, les chrétiens d'Afrique ont un grand écrivain, l'apologiste Tertullien, de Carthage, et de nombreuses cités dans l'Afrique proconsulaire, en Numidie et même en Maurétanie, possèdent un groupe chrétien dirigé par un évêque. Les persécutions, qui commencent en 180, sous le règne de Commode, n'arrêteront pas le zèle des apôtres et ne diminueront pas le nombre des fidèles. Au milieu du IIIe siècle, l'église de Carthage, avec saint Cyprien pour évêque, ne tient guère moins de place dans l'ensemble de la vie chrétienne que celle de Rome.

Il n'est pas douteux que les progrès du christianisme mettaient en question tous les principes du monde antique, rendaient caduc tout l'édifice de la société organisée par Rome. On s'explique ainsi que, malgré leur tolérance habituelle à l'égard des cultes nouveaux, les empereurs aient perçu dans celui-ci une menace, un danger, et qu'ils aient voulu le supprimer. Mais le mouvement spontané des choses est plus fort que n'importe quelle résistance humaine. Le christianisme avait, dans l'Empire, trop de chances de son côté pour qu'on pût le réduire par des mesures législatives. A proprement parler, s'il y a eu coïncidence entre les progrès du christianisme et la décadence de l'Empire, ce n'est pas qu'il y ait, du premier fait au second, une relation de cause à effet ; c'est que le succès du christianisme et la désagrégation de l'Empire sont deux phénomènes préparés par les mêmes causes, deux résultats du même état d'esprit général, qu'on peut résumer en quelques mots : l'esprit romain disparaît ; les populations perdent le sens de la solidarité romaine, de la coopération ; on se désintéresse du bien commun. La société romaine du IIIe siècle se disloque ; dans ce désarroi qu'il n'a pas créé, le christianisme prépare les conceptions qui détermineront une reconstruction sur un plan nouveau.

* * *

Ainsi l'Afrique a reflété fidèlement le mouvement général de l'histoire romaine, dans la phase d'ordre et d'organisation comme dans la phase de trouble et de destruction. Il est resté, dans sa physionomie, des traits propres, qui la distinguent des autres provinces de l'Empire : par-dessus tout, semble-t-il, un tour d'esprit réaliste et positif qui se marque aussi bien dans les œuvres littéraires que dans les actes de la vie quotidienne. Mais l'impression dominante, quand on se représente la vie intellectuelle et morale de l'Afrique romaine, c'est celle de l'extrême réceptivité, de la grande faculté d'assimilation des populations que les Romains y ont trouvées. En deux siècles, elles étaient arrivées à une romanisation assez complète pour ne plus se distinguer des Italiens, remplir les mêmes emplois, penser et sentir de la même façon. Il nous reste à voir comment ce travail s'est défait, en même temps que tout l'ensemble de la civilisation antique.

VI. — La fin de la période romaine en Afrique.

10 Mars.

L'Afrique que nous avons considérée jusqu'à présent est celle du second siècle et du commencement du troisième, celle qui est pacifique, bien organisée, prospère, qui s'est assimilé la culture romaine, et qui, en la personne de Septime Sévère, né à Leptis en Tripolitaine, arrive à la tête de l'Empire. Il nous reste à voir, à grands traits, comment cette Afrique s'est défaite, et pour quelles raisons l'empreinte romaine, qui semblait si forte et si durable, s'est effacée sans presque laisser de traces.

***

Nous avons indiqué déjà, en parlant du christianisme, que des prodromes de désorganisation, de désagrégation pouvaient se deviner dès la fin du second siècle, à l'époque où les églises chrétiennes se multiplient et résistent aux persécutions. Le christianisme, avons-nous dit, n'est pas responsable de l'effondrement de l'Empire ; mais il est un symptôme entre plusieurs autres d'un changement dans l'esprit général. Les liens sociaux se relâchent, le patriotisme romain s'affaiblit : la cité de Dieu, la Jérusalem céleste à laquelle les croyants aspirent leur fait perdre de vue l'Etat et l'intérêt collectif ; chez les non-chrétiens, de même, des préoccupations soit mystiques, soit égoïstes oblitèrent les sentiments de loyalisme, de solidarité, de dévouement à la chose publique qui étaient indispensables pour maintenir la cohésion d'un grand Empire. Ce changement dans les dispositions intimes des individus, dans les âmes des hommes vivant à l'intérieur des frontières romaines, prépare la dislocation de tout l'édifice.

Cette dislocation commence à se réaliser aussitôt après le règne des Sévères. Alexandre Sévère, le dernier empereur de cette dynastie, meurt en 235 ; c'est en 238, sous le règne de son successeur Maximin, que s'ouvre pour l'Afrique l'ère, déjà ouverte pour d'autres provinces, des agitations et des incertitudes.

Le premier tiers du second siècle appartient donc à la période brillante de l'Afrique romaine. Après coup, nous y découvrons des indices annonçant la décadence ultérieure ; mais les yeux des contemporains ne pouvaient les percevoir ; ce qui frappait leur attention, c'était le nombre croissant des villes africaines, les progrès du défrichement et du commerce, le peu de distance qui séparait, dans la vie matérielle et morale, un Berbère romanisé d'un Romain de Rome.

Un acte législatif, au cours de ce premier tiers du IIIe siècle, fut la consécration de l'œuvre de romanisation accomplie et en Afrique et dans toutes les provinces romaines : ce fut l'édit de Caracalla, en 212, par lequel cet empereur accordait le droit de cité romaine à tous les hommes libres de l'Empire. Il n'y eut plus désormais, dans l'Empire, une classe de citoyens maîtres et une classe de citoyens sujets : tous ceux qui étaient nés dans des conditions régulières, et dans une localité où les actes d'état-civil étaient tenus à jour, étaient citoyens romains au même titre que ce qui restait des Romains de vieille souche. Pratiquement, en Afrique du Nord, seuls dès lors durent se trouver exclus de la cité romaine les nomades, et ceux des indigènes qui, rebelles à la vie en groupe, s'obstinaient à vivre épars et farouchement isolés dans les parties rurales des territoires municipaux.

On a souvent blâmé comme imprudente et funeste à Rome la mesure prise par Caracalla. On lui a reproché d'avoir transformé en Romains d'apparence, en Romains purement nominaux, des Barbares véritables, qui n'apportaient à l'Empire qu'un élément de faiblesse et une cause de dissociation. En réalité l'édit de Caracalla, dicté à l'empereur par les juristes de son entourage, faisait les réserves nécessaires pour les gens incorrigiblement réfractaires à la vie romaine ; et l'on peut dire qu'il enregistrait un fait acquis beaucoup plus qu'il ne créait une situation nouvelle. Petit à petit, par le jeu normal des institutions et des habitudes, beaucoup d'individus, de familles, de groupes étaient entrés dans la cité romaine ; en généralisant cet accès à la cité, Caracalla se bornait à étendre assez faiblement la portée des mesures prises par ses prédécesseurs ; il constatait que dans toutes les parties de l'Empire s'était établi un niveau moyen de romanisation, un fonds commun d'idées et d'habitudes.

Ce qui est vrai, c'est que par cet octroi global du droit de cité l'empereur perdait un moyen d'entretenir, par l'émulation, le loyalisme et le dévouement des populations soumises. Désormais, la cité romaine n'apparaissait plus comme une récompense ; elle allait de soi, il suffisait de naître pour en jouir. Un ressort qui avait longtemps joué dans l'intérêt de Rome était maintenant détendu ; mais c'est parce qu'il avait produit tout son effet. L'édit de Caracalla traduisait, dans un texte législatif, ce fait que les populations indigènes paraissaient définitivement et complètement adaptées à la civilisation romaine.

***

C'est donc avec l'apogée de l'Afrique romaine que coïncide cet édit, et, d'une façon générale, le règne des Sévères. Aussitôt après, les forces de désagrégation, qui étaient latentes sous les apparences d'ordre et d'équilibre, commencent à jouer.

Les deux derniers tiers du IIIe siècle voient en effet se passer en Afrique des événements que ne connaissaient guère les générations précédentes. D'abord, l'Afrique participe aux troubles civils : dans les cinquante années d'anarchie qui vont de 235 à 285, où chaque province, chaque armée, tour à tour, proclame un empereur, où des règnes éphémères se succèdent au milieu des guerres civiles et des dévastations, l'Afrique, elle aussi, fournit à l'histoire son contingent d'usurpateurs inégalement heureux. C'est en Afrique, particulièrement, qu'est proclamé, en 238, l'empereur Gordien. Les luttes auxquelles cette proclamation donne lieu entraînent la dissolution de la légion d'Afrique : pendant quinze ans, de 238 à 253 (date à laquelle la troisième légion est reformée), l'Afrique n'a plus sa garnison habituelle, remplacée par des détachements pris temporairement à d'autres provinces. Ainsi les compétiteurs impériaux n'hésitent pas, pour satisfaire leurs rancunes personnelles, à prendre des mesures qui sont de nature à affaiblir beaucoup l'autorité romaine.

En fait, on voit les indigènes s'agiter beaucoup plus que par le passé ; et leurs mouvements prennent une extension, un caractère de généralité qu'ils n'ont jamais eu. Deux éléments, selon toute vraisemblance, y prennent part : d'un côté, les tribus restées insoumises, dans les massifs peu pénétrables comme la Kabylie et l'Aurès, ou sur les frontières méridionales du territoire romain ; d'un autre côté, des Berbères romanisés qui se sentent capables de vivre par eux-mêmes, qui se détachent de l'Empire, et dont les chefs aspirent à une souveraineté indépendante. Dans les années 258-260, une grave insurrection inquiète les confins de la Numidie et de la Maurétanie. A la fin du siècle, des troubles plus inquiétants encore se prolongent pendant une dizaine d'années, de 289 à 298, et l'intervention personnelle de l'empereur Maximien est nécessaire pour le rétablissement de l'ordre. Les monuments archéologiques nous font constater le sentiment d'insécurité qui se répand en Afrique romaine : c'est à cette époque qu'on fortifie les villes, les villages, les fermes isolées ; on multiplie les postes de guet et les fortins.

A la fin du IIIe siècle et au commencement du IVe siècle, des empereurs énergiques et qui ont de hautes qualités d'administrateurs, Dioclétien et Constantin, font un grand effort pour remettre l'Empire en ordre. Ils déterminent une renaissance réelle, si l'on compare l'état de l'Empire sous leurs règnes à ce qu'il était pendant le demi-siècle d'anarchie qui les a précédés ; mais dans leurs réformes même, dans l'organisation administrative qu'ils donnent à l'Afrique, on sent le progrès de la dissolution qui s'affirme irrésistiblement.

C'est par un effet de cette désagrégation que le nombre des provinces, sous Dioclétien, s'accrut beaucoup. La Proconsulaire forma trois provinces : Proconsulaire proprement dite, ou Zeugitane, avec Carthage pour chef-lieu ; Byzacène, ayant pour chef-lieu Sousse ; Tripolitaine. La Numidie fut divisée en deux : Numidie du Nord ou de Cirta, et Numidie militaire, ayant toujours sa capitale à Lambèse. Une province nouvelle, la Maurétanie Sitifienne, avec Sétif pour chef-lieu, fut détachée de la Maurétanie Césarienne. L'Afrique romaine se trouvait donc partagée en huit provinces ; et l'une de ces huit provinces, la Maurétanie Tingitane, était séparée du reste de l'Afrique pour être rattachée officiellement au groupe des provinces d'Espagne, dont elle formait la tête de pont.

A vrai dire, une de ces subdivisions fut supprimée par Constantin : il n'y eut plus, après lui, une Numidie militaire distincte de la Numidie de Cirta, mais une seule Numidie ayant pour capitale Cirta, appelée désormais Constantine. L'Afrique n'en restait pas moins divisée, comme le reste de l'Empire, en une série de petits compartiments isolés, à cloisons étanches ; les barrières administratives et économiques se trouvaient multipliées. Les empereurs diminuaient ainsi le pouvoir des gouverneurs de province, dont ils craignaient l'ambition ; leur surveillance soupçonneuse s'exerçait plus efficacement sur des fonctionnaires à attributions restreintes ; la filière bureaucratique s'allongeait, le formalisme et la complication des rouages administratifs s'accroissaient, les inspecteurs se multipliaient. Mais ce compartimentage était au détriment de la vie réelle et de la prospérité du pays.

La même politique soupçonneuse avait conduit les empereurs à séparer complètement l'autorité civile et le commandement militaire : il y avait dans chaque province un *praeses*, gouverneur civil chargé de la besogne administrative et judiciaire ; il y avait d'autre part des chefs militaires ou *duces*, dont les districts ne coïncidaient pas avec les provinces civiles. Il n'y avait ni liaison ni subordination des uns aux autres : l'autorité directe de Rome s'exerçait dans les deux domaines.

Enfin, l'armée même était fractionnée en un grand nombre de petits corps. Une légion, après Dioclétien, n'a plus qu'un effectif de 1,000 hommes ; et les autres corps sont à l'effectif de 500. Composée de ces corps de nouveau type, l'armée d'Afrique, au IVe siècle, avait un effectif un peu supérieur à celui du Ier et du IIe siècle ; mais, brisée en trop nombreuses unités, cette armée n'avait plus la souplesse, la solidité, l'efficacité de celle du Haut-Empire. Elle était de moins en moins romaine aussi, parce que les Barbares des frontières, payés par Rome pour garder ces frontières que d'eux-mêmes ils auraient volontiers attaquées, faisaient partie intégrante de l'armée nouvelle. Extérieurement, la puissance romaine, en Afrique, n'a pas changé : la frontière, garnie de postes échelonnés, suit toujours à peu près la ligne qu'elle suivait sous les Sévères ; il semble seulement qu'on ait abandonné les postes avancés lancés au delà de ce *limes*. Mais, derrière le *limes* maintenu, l'armée n'est plus un outil de romanisation : disséminée un peu partout, elle surveille les mouvements des indigènes, et beaucoup de ceux qui la composent seraient à l'occasion disposés à seconder ces mouvements, parce que l'image de Rome s'efface chaque jour un peu plus des esprits. L'invasion barbare, favorisée par la dépopulation de l'Empire, se fait un peu chaque jour, par infiltration.

Avec Constantin, les persécutions contre le christianisme ont cessé. C'est un élément de discorde qui a disparu. Mais la situation ne s'est pas améliorée pour cela, car l'hostilité qui n'est plus entre païens et chrétiens est maintenant à l'intérieur de la chrétienté. Les discussions sur la conduite tenue par les fidèles lors de la persécution de Dioclétien, les reproches des intransigeants à ceux qui, au cours de la persécution, ont faibli ou paru faiblir, et les rivalités personnelles qui se greffent sur ces débats, déterminent, au début du IVe siècle, un schisme. Les élections épiscopales de Cirta en 305, de Carthage en 311, séparent de l'orthodoxie catholique ceux que, du nom d'un de leurs chefs, on appelle les Donatistes. Bientôt il y a, dans presque toutes les localités, un évêque et une église donatistes en concurrence avec l'évêque et l'église catholiques ; et bien que les empereurs accordent assez régulièrement leur appui aux catholiques, le schisme donatiste se maintient, et lutte longtemps à forces égales. Des haines violentes séparent les deux partis : il y a des bagarres et des batailles fréquentes. Les Donatistes ont des auxiliaires terribles : ce sont des paysans révoltés, que la misère a fait retourner à l'état sauvage, qu'en même temps une sorte d'enthousiasme mystique soulève et qui croient leurs violences inspirées de Dieu : on les appelle *circumcellions*, parce qu'ils vont de ferme en ferme, *circum cellas*, pillant et tuant, avec une espèce de frénésie de destruction. C'est la détresse des campagnes qui a déterminé la formation de ces bandes ; mais elles-mêmes contribuent à rendre les campagnes de plus en plus désertes et misérables, en anéantissant ce qu'elles rencontrent et en rendant dangereuse toute circulation.

Dans ce désordre matériel et moral, les révoltes indigènes ne peuvent manquer de se produire. Un chef indigène, Firmus, soulève la Maurétanie en 372, et cherche à devenir le chef d'un état indépendant ; il faut quatre ans d'efforts au meilleur général de l'époque, Théodose, pour le réduire. C'est que les Donatistes ont donné à Firmus un appui énergique. Un frère de Firmus, Gildon, fidèle aux Romains, reçoit d'eux, en 386, la charge de gouverneur de l'Afrique : mais lui aussi veut se tailler une principauté indépendante, et compte sur l'appui des Donatistes ; en 396, il affame Rome en retenant les convois de blé. Deux ans après, il est battu. Mais chacune de ces campagnes augmente le nombre des destructions et l'insécurité du pays.

La condamnation définitive du donatisme, en 411, à la suite d'une conférence contradictoire tenue à Carthage entre évêques, sous la présidence d'un représentant de l'empereur, ne suffit pas à rétablir la paix. Dès ce moment, les Barbares ont largement pénétré dans l'Empire, en Gaule, en Bretagne, en Espagne : il est inévitable qu'ils parviennent jusqu'à l'Afrique. Des intrigues de cour les y aident ; le commandant des troupes de l'Afrique proconsulaire, le comte Boniface, menacé dans sa vie par une dénonciation accueillie contre lui à la cour impériale, appelle à son secours les Vandales, installés en Espagne : une fois introduits en Afrique, et conduits par un grand chef, Genséric, ils ne laissent ni Boniface ni les empereurs limiter leur part de souveraineté : en trois années, de 427 à 430, ils conquièrent l'Afrique du détroit jusqu'au delà de Bône ; en 439, ils prennent Carthage. Genséric consent bien à rendre momentanément à l'empereur les Maurétanies, mais c'est pour les reprendre en 455, et l'autorité des rois vandales est, à partir de ce moment, la seule qui existe en Afrique.

Cette autorité est renversée au VIe siècle par l'Empire byzantin : en 534, une armée envoyée par Justinien bat le dernier roi vandale, et, en deux ans, l'Afrique est remise dans la dépendance de l'empereur d'Orient. Les généraux byzantins repoussent aussi, au cours du VIe siècle, des attaques de princes indigènes contre leurs possessions.

Mais ce qu'il faut noter, pour les Vandales comme pour les Byzantins, c'est qu'ils ne tiennent le pays que de façon très incomplète. Les Vandales ont chassé d'Afrique la puissance romaine : mais ils n'ont pas pu y substituer la leur. Peu nombreux, vite amollis par le climat africain et la vie qu'ils menaient dans les belles villas des environs de Carthage, ils ont laissé, en fait, les Berbères recouvrer leur indépendance dans une bonne partie des provinces ; c'est ce qui explique la rapidité de leur chute : leur royaume n'était qu'une façade. A leur tour les Byzantins ont dû se contenter d'assez peu de chose : beaucoup de régions de l'intérieur et de l'Ouest leur sont restées fermées ; à l'Ouest de Sétif, ils n'occupaient que quelques points sur la côte ; là où ils étaient, ils se sentaient peu en sûreté, et c'est ce que prouvent les énormes forteresses bâties à la hâte qu'ils ont laissées un peu partout en souvenir de leur passage. Aussi n'ont-ils pas pu, eux non plus, résister longuement à un agresseur : et la conquête musulmane, dans la seconde moitié du VIIe siècle, n'eut dans les Byzantins que des adversaires médiocres : c'est des Berbères que vinrent les vraies difficultés.

Ainsi, soustraite par les Vandales, en 430, à la puissance de Rome, l'Afrique du Nord est restée, à partir de cette date, livrée à elle-même, et n'a connu que sur des territoires limités l'influence effective des Vandales et des Byzantins. La date de 430, pour l'Afrique, marque donc, en même temps que la fin de la période romaine, la fin de la romanisation. Matériellement, c'est à partir de cette date que beaucoup de villes romaines ont été attaquées par les tribus restées nomades et pillardes, dévastées, dépeuplées ; moralement, dans les mêmes années, tout ce qu'avaient apporté les Romains, institutions, mœurs, langue, commence à disparaître.

Bien entendu, tout ne s'efface pas d'un seul coup : il y a une vitesse acquise qui prolonge les traces de l'époque romaine en Afrique. Des communautés chrétiennes se maintiennent, avec quelques évêques, jusqu'au XIe siècle ; des traditions, des techniques romaines survivent dans les métiers et dans les arts. Mais au bout de quelques siècles ces traces même s'effacent. Aucune langue romane n'a vécu dans l'Afrique du Nord ; aucun groupe chrétien ne s'y est maintenu, comme il arrivait ailleurs en pays musulman, par exemple en Syrie ; rien n'est resté de romain dans les institutions. Les détails de mœurs, de costume, de construction où l'on a parfois proposé de voir des survivances romaines s'expliquent par l'identité des conditions géographiques dans les différents pays méditerranéens. De toutes les régions sur lesquelles s'était étendue la civilisation romaine, il n'y en avait guère qui eussent montré plus d'aptitude à s'assimiler cette civilisation ; et il n'y en a aucune où cette civilisation ait été aussi complètement abolie.

Cette extirpation radicale du passé romain s'explique avant tout, évidemment, par le caractère de la religion islamique, par son incompatibilité avec tout ce qui n'est pas elle-même, par le bloc d'institutions et de mœurs qu'elle lie indissolublement à la foi. Mais une disparition aussi complète suppose, en outre, dans la romanisation de l'Afrique, des vices internes, des lacunes qu'il convient, en terminant, d'indiquer avec brièveté.

En premier lieu, il n'y a pas eu, de la part des Romains, extension suffisante du territoire soumis. Limités par l'insuffisance des moyens matériels de la civilisation antique, ayant en outre assez souvent le tort de s'en tenir à une politique timide, à courte vue, ils ont commis la faute de ne pas s'avancer assez loin en Afrique. Ils n'ont pas tenu le Sahara, à peine en ont-ils reconnu les abords. Dans la région correspondant aux départements d'Alger et d'Oran, ils n'ont occupé vraiment qu'une bande littorale assez étroite. C'était rendre précaire la possession du Tell, que de le laisser en bordure d'un hinterland inconnu, inexploré, plein de menaces ; et encore les Romains toléraient à l'intérieur du Tell des cantons mal pénétrés et peu soumis. La masse territoriale des possessions romaines en Afrique était insuffisamment lourde, et pas assez compacte.

En second lieu, une faiblesse venait du fait que j'ai signalé, le manque d'éléments immigrés. Les Berbères avaient été romanisés de l'extérieur, par des instructeurs ; mais ils étaient restés Berbères, et entre Berbères ; très peu d'unions s'étaient faites entre Berbères et non Berbères. Il n'y avait pas eu ce mélange, ce brassage d'éléments hétérogènes qui est nécessaire peut-être pour qu'une civilisation soit vigoureuse et tenace. La romanisation a conservé un peu, en Berbérie, le caractère d'un enduit superficiel. Elle n'a pas pu résister à la poussée du vieux fond autochtone, le jour où la coupure des liens politiques a forcé la Berbérie à vivre indépendamment de Rome. Et nous constatons ici un effet local du phénomène qui est la grande faiblesse de la Rome impériale, la dépopulation, la disparition des éléments proprement romains et italiens.

En troisième lieu, dans l'effondrement de la culture romaine en Afrique, la crise économique a une grande part. Cette crise économique, à partir du milieu du IIIe siècle, a été générale dans le monde romain : partout la production et les échanges ont été troublés et ralentis : il n'y a, pour en avoir le signe tangible, qu'à suivre l'altération progressive des monnaies, pièces d'or dont le titre et le poids diminuent de façon constante, pièces d'argent d'où l'argent finit par être à peu près complètement absent. En Afrique, la crise est particulièrement grave, parce qu'elle rend intolérable l'existence de toute une catégorie de gens, les colons, les travailleurs attachés à un sol dont ils ne sont pas propriétaires. Ruinés par les corvées, par la mévente, par les manœuvres des gros propriétaires dont ils dépendent, ils veulent sortir d'une société où ils sont misérables. La voie tout indiquée, c'est le retour à la société indigène d'où la plupart tirent leur origine, c'est l'abandon des mœurs romaines pour l'ancienne sauvagerie ; et beaucoup de ces malheureux grossissent les bandes fanatiques des Circoncellions, participent à ce que l'on a appelé cette « jacquerie ». La société romaine a été peu solide, parce qu'elle mettait une trop grande différence dans les conditions de vie du gros propriétaire ou du gros fermier et de l'ouvrier agricole, dans un pays où toute l'existence économique reposait sur l'agriculture. Elle a succombé parce qu'elle n'a pas su faire le nécessaire pour donner à ceux qui la composaient l'impression d'une solidarité.

Ainsi, insuffisance de l'espace occupé, rareté des éléments romains ou tout au moins non-berbères dans la population, mauvais ajustement des conditions économiques et du régime de la propriété, telles sont les raisons pour lesquelles l'assimilation n'a pas été très durable ; elles se sont manifestées dès qu'il y a eu fléchissement dans le fonctionnement de l'Empire; et les Berbères se sont retrouvés à peu près dans l'état préromain de pensée et de coutumes. Et il va sans dire qu'on ne saurait transporter telles quelles et considérer comme valables pour l'Afrique moderne les réflexions provoquées par l'Afrique romaine ; mais il y a lieu du moins de ne pas négliger les indications qu'elles contiennent : examinées avec précaution, les expériences romaines peuvent, dans une certaine mesure, guider les nôtres.

ALGER. — IMP. FONTANA FRÈRES, 3, RUE PELISSIER. — 8-22

www.ingramcontent.com/pod-product-compliance
Ingram Content Group UK Ltd.
Pitfield, Milton Keynes, MK11 3LW, UK
UKHW022123170726
13837UKWH00003B/1323